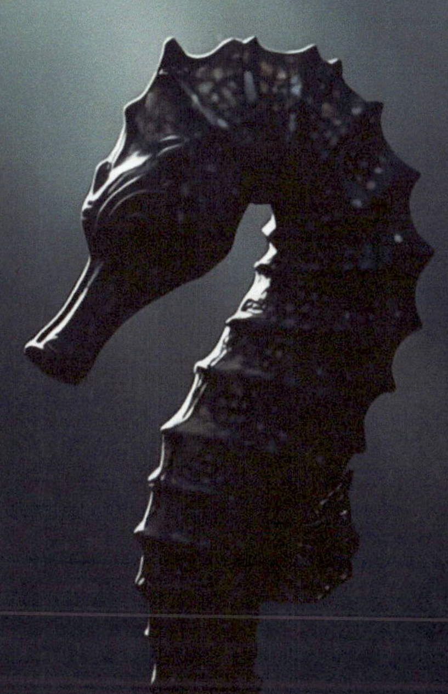
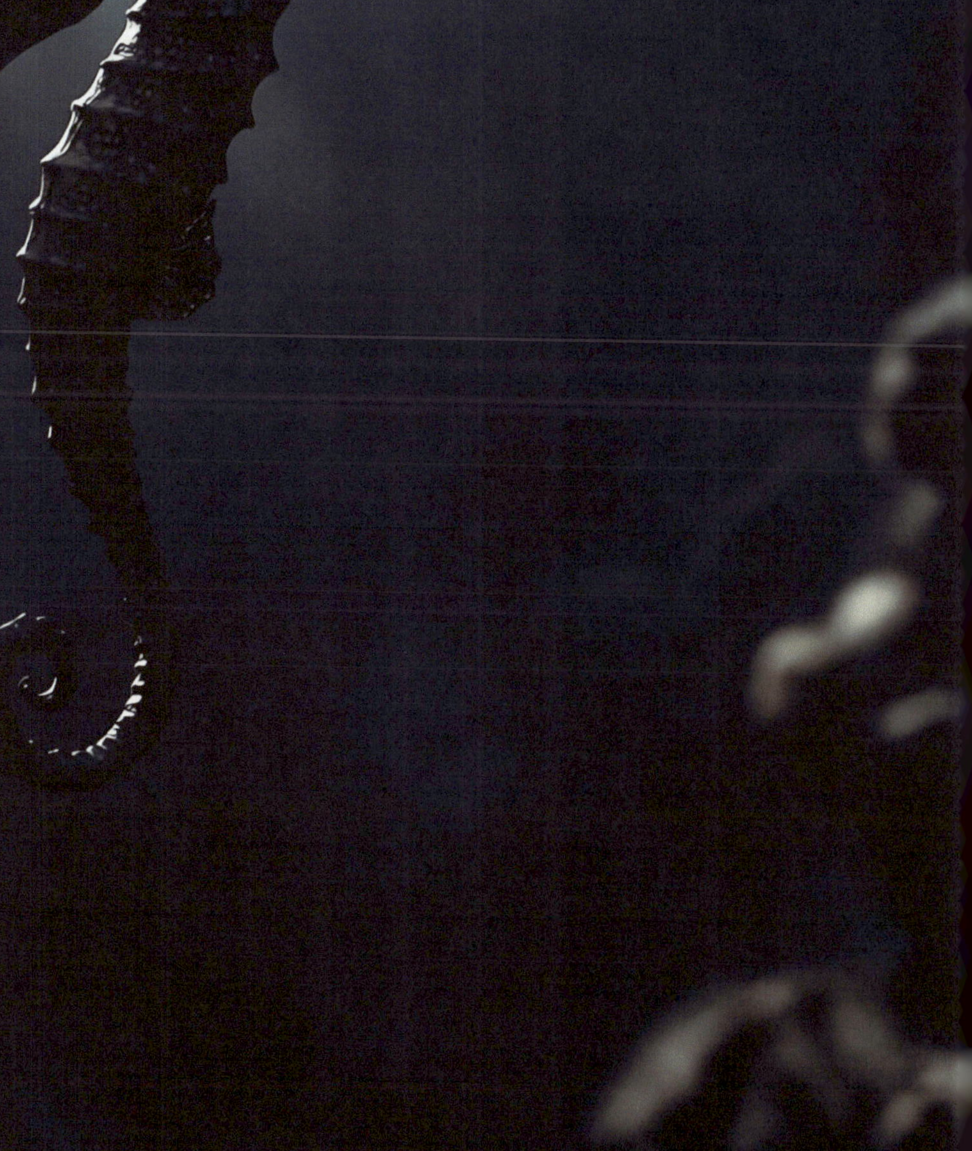

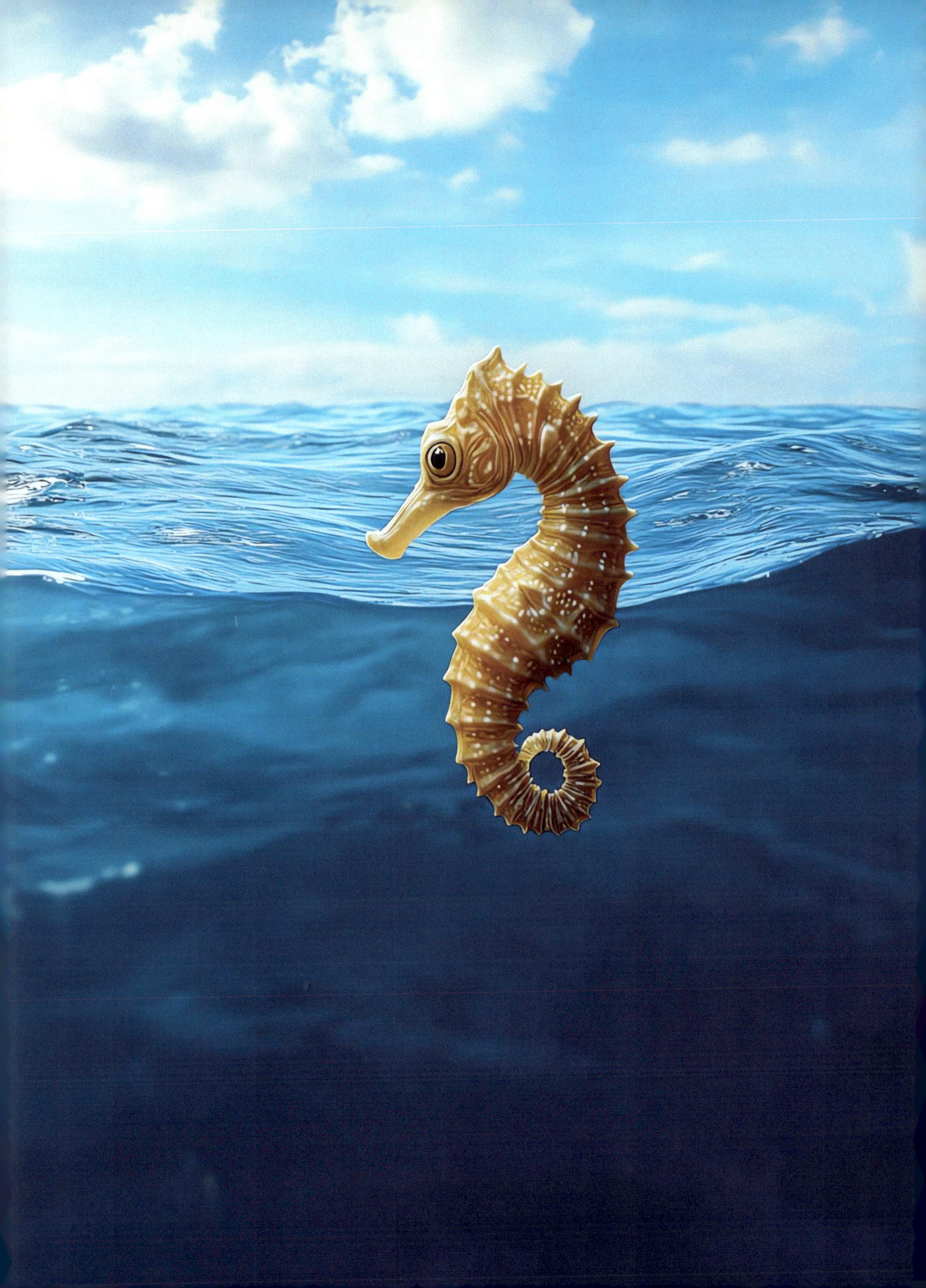

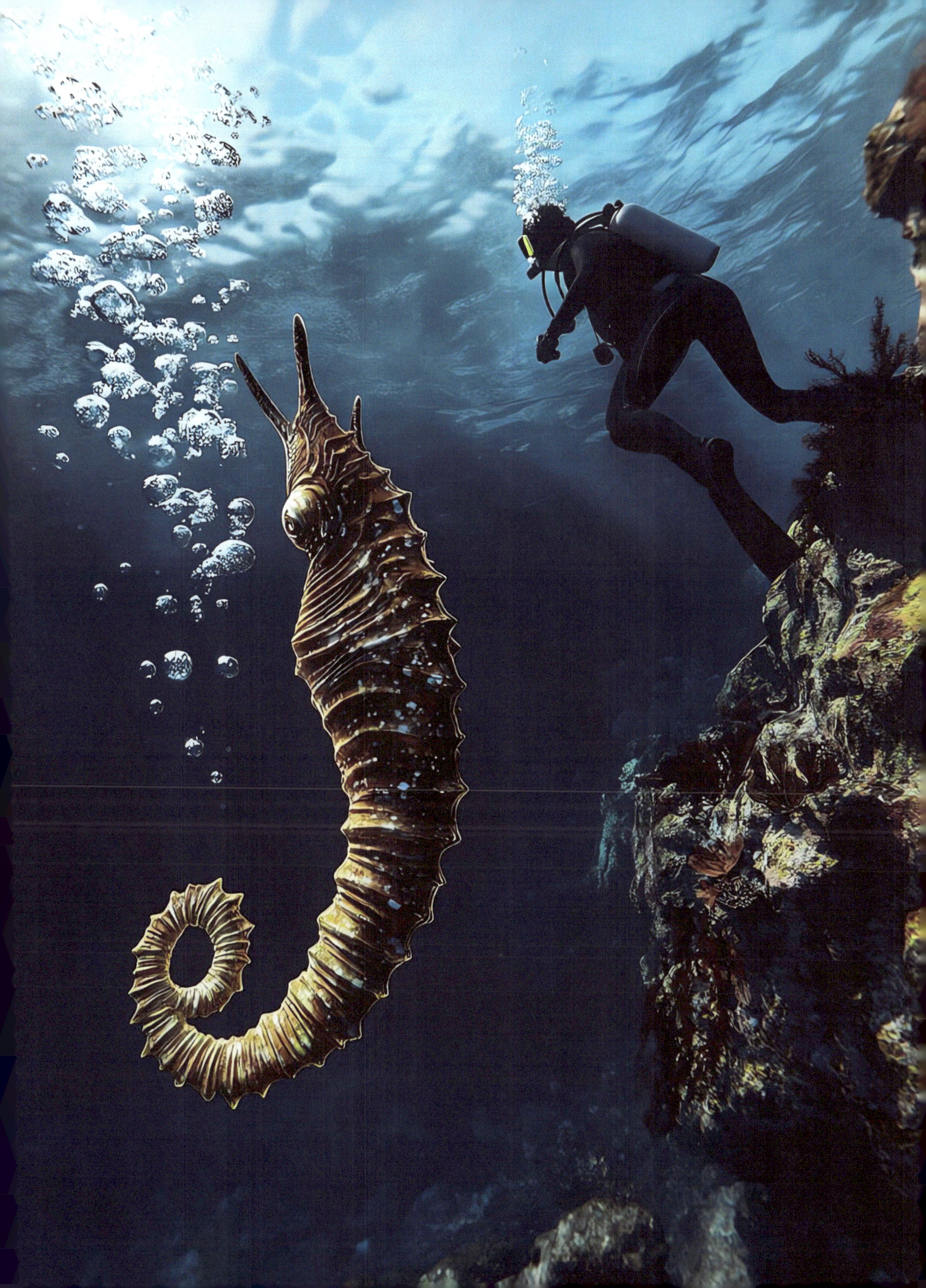

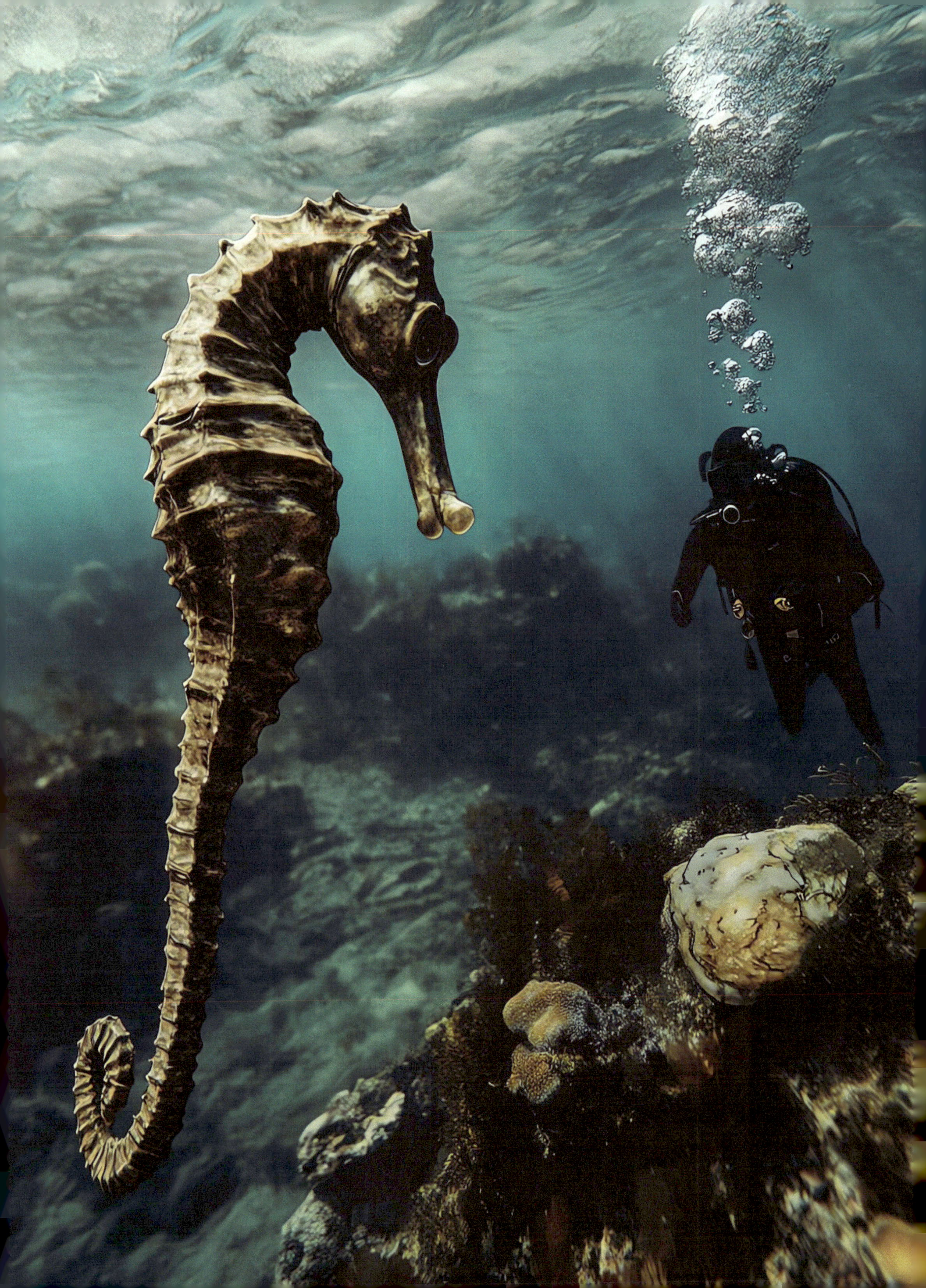

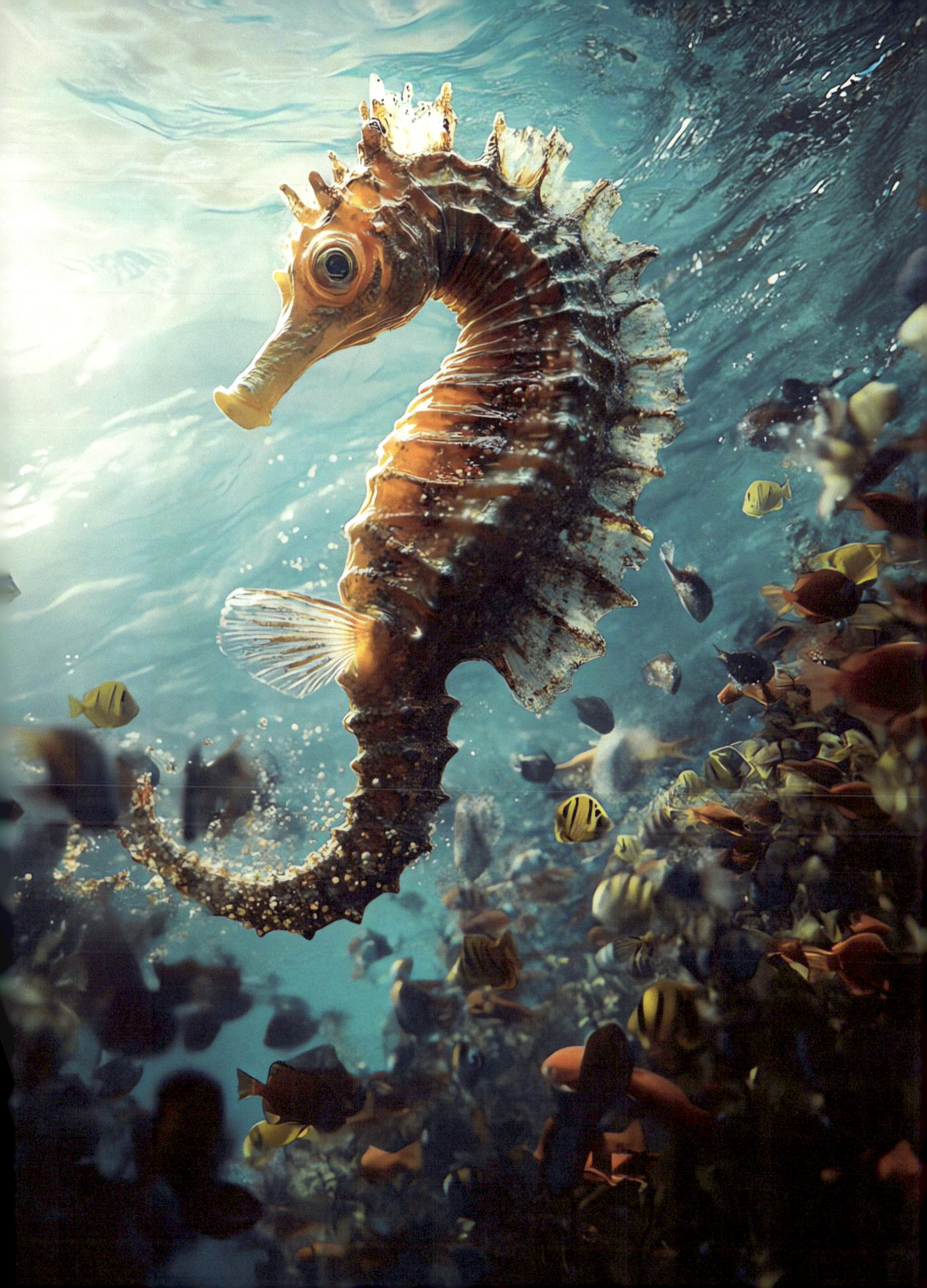

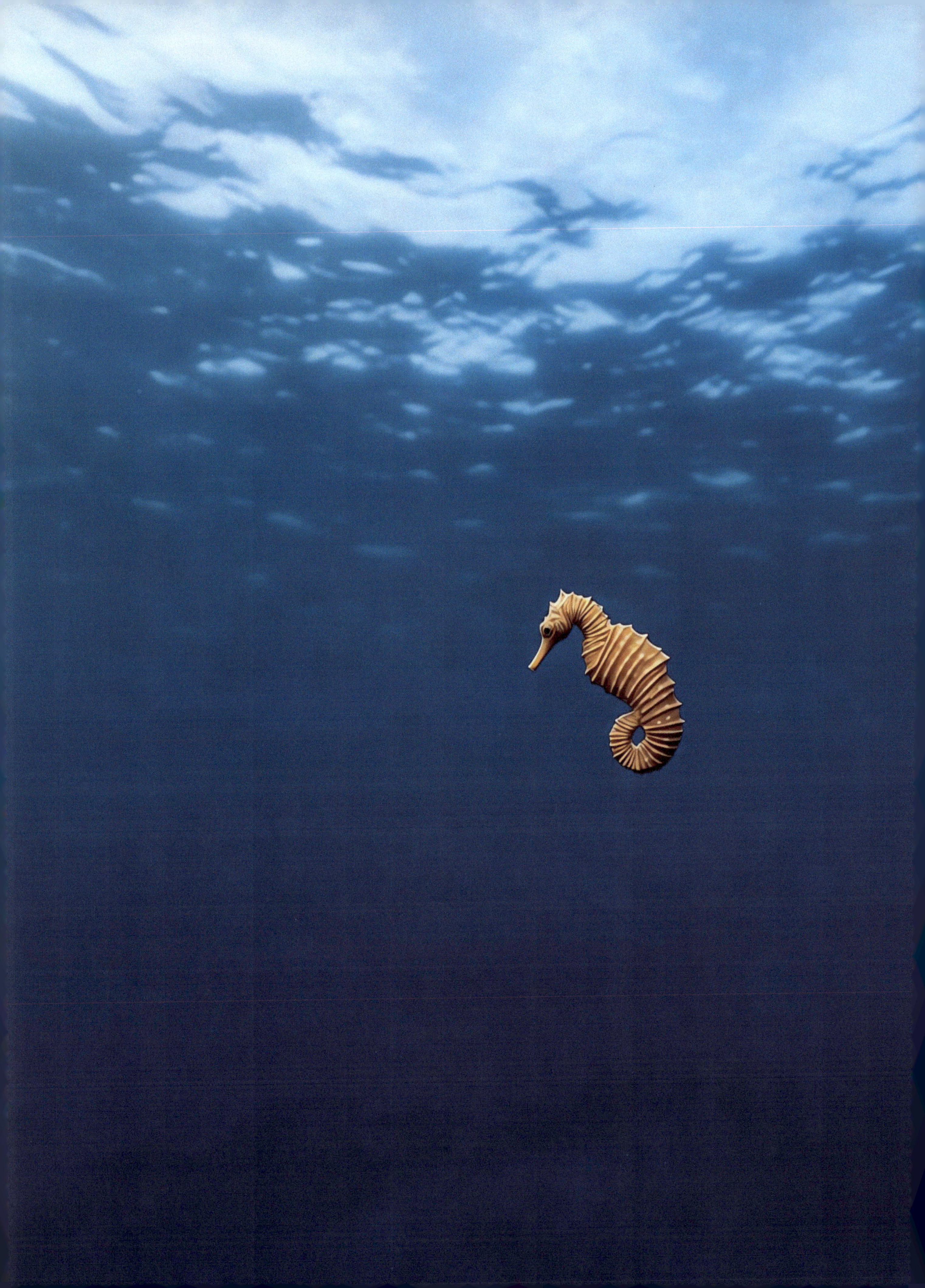

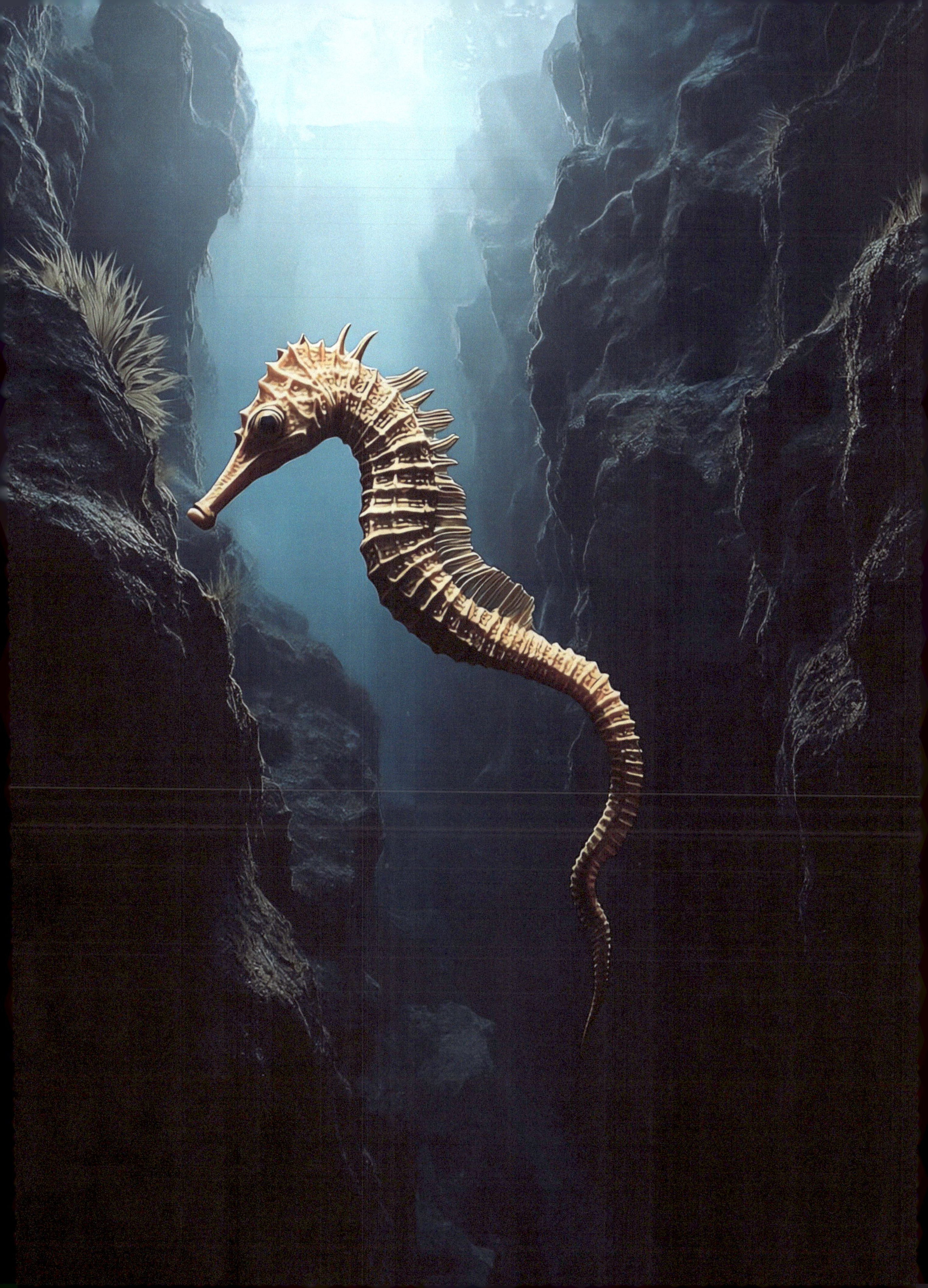

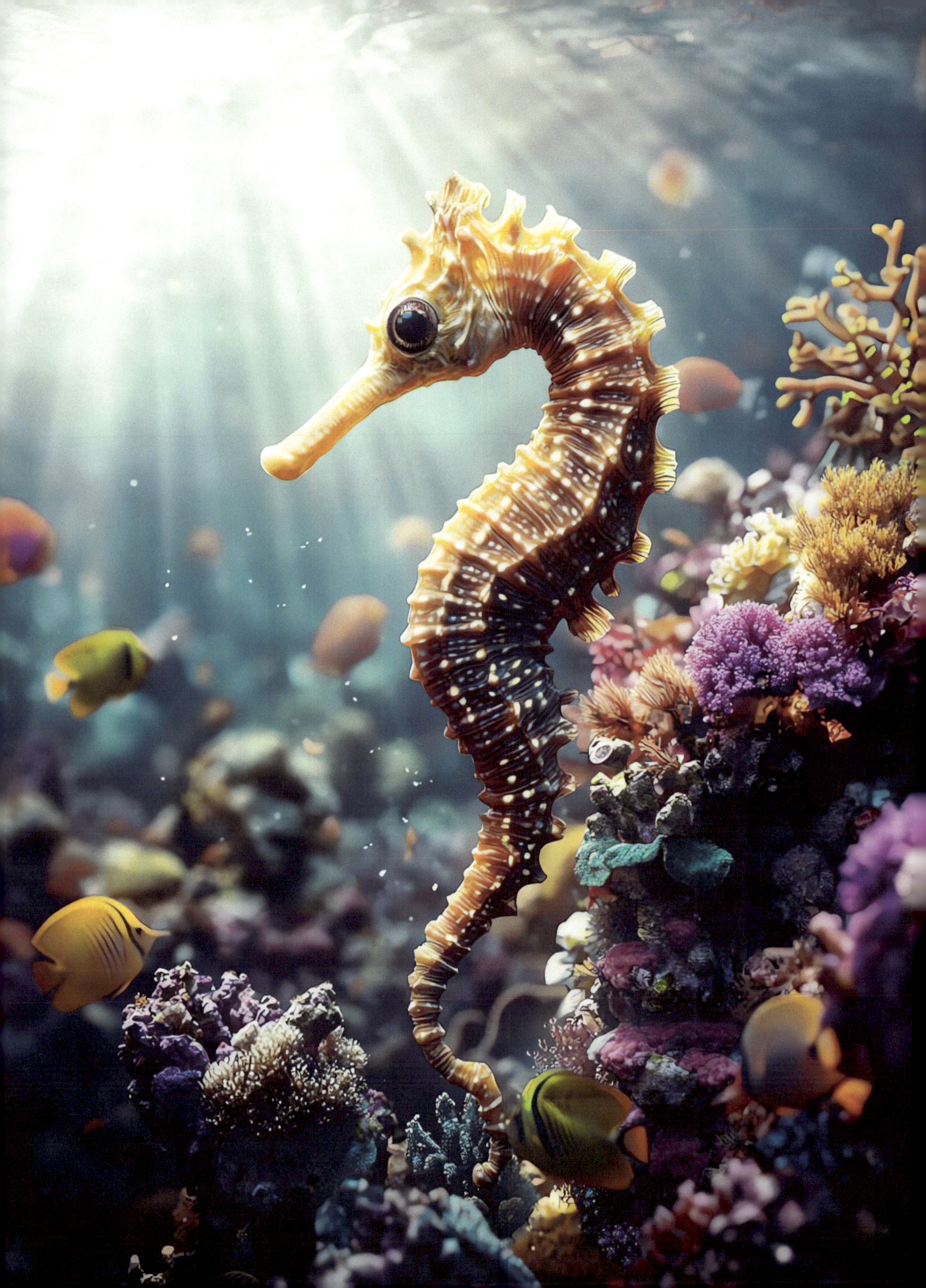

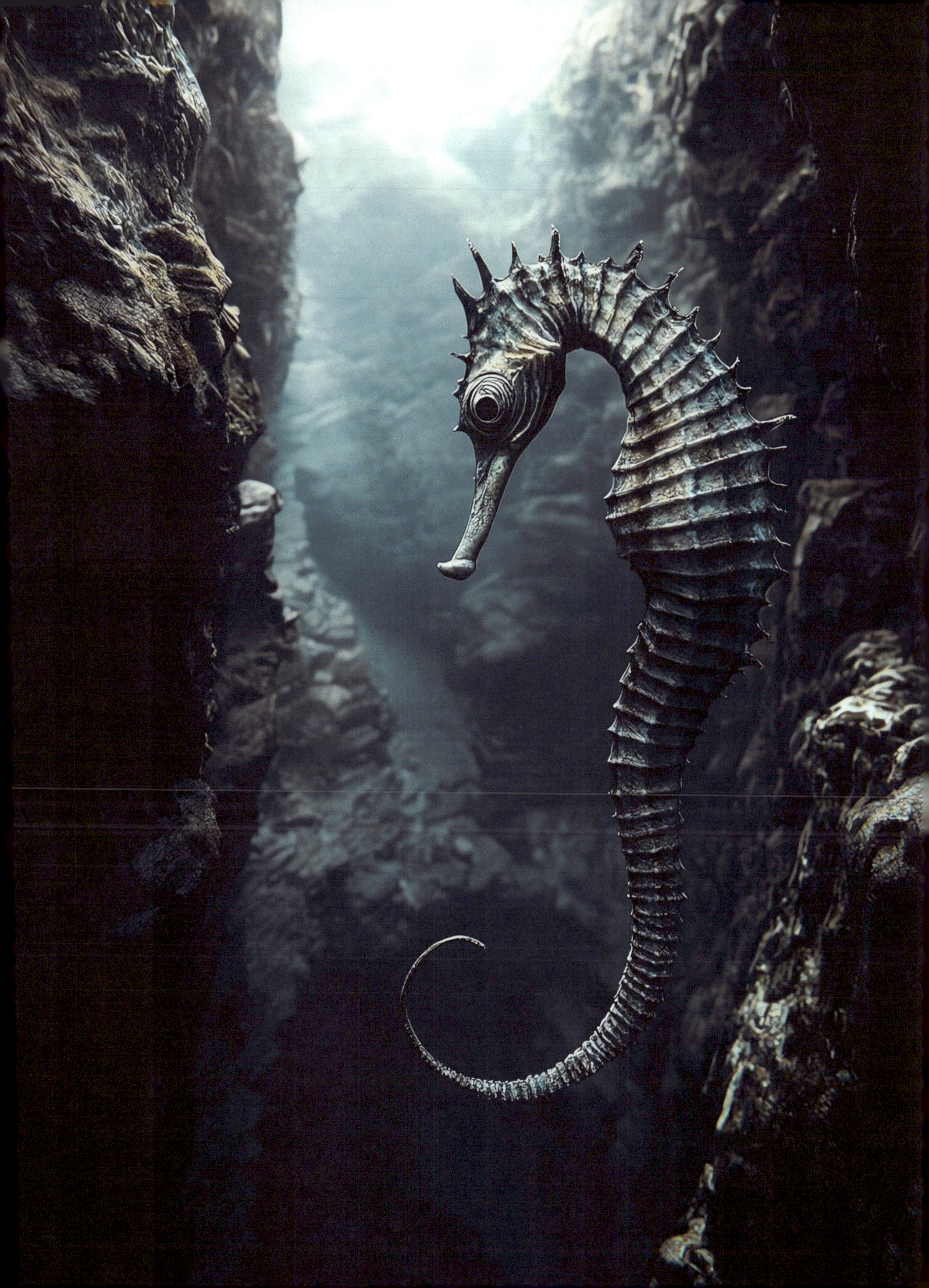

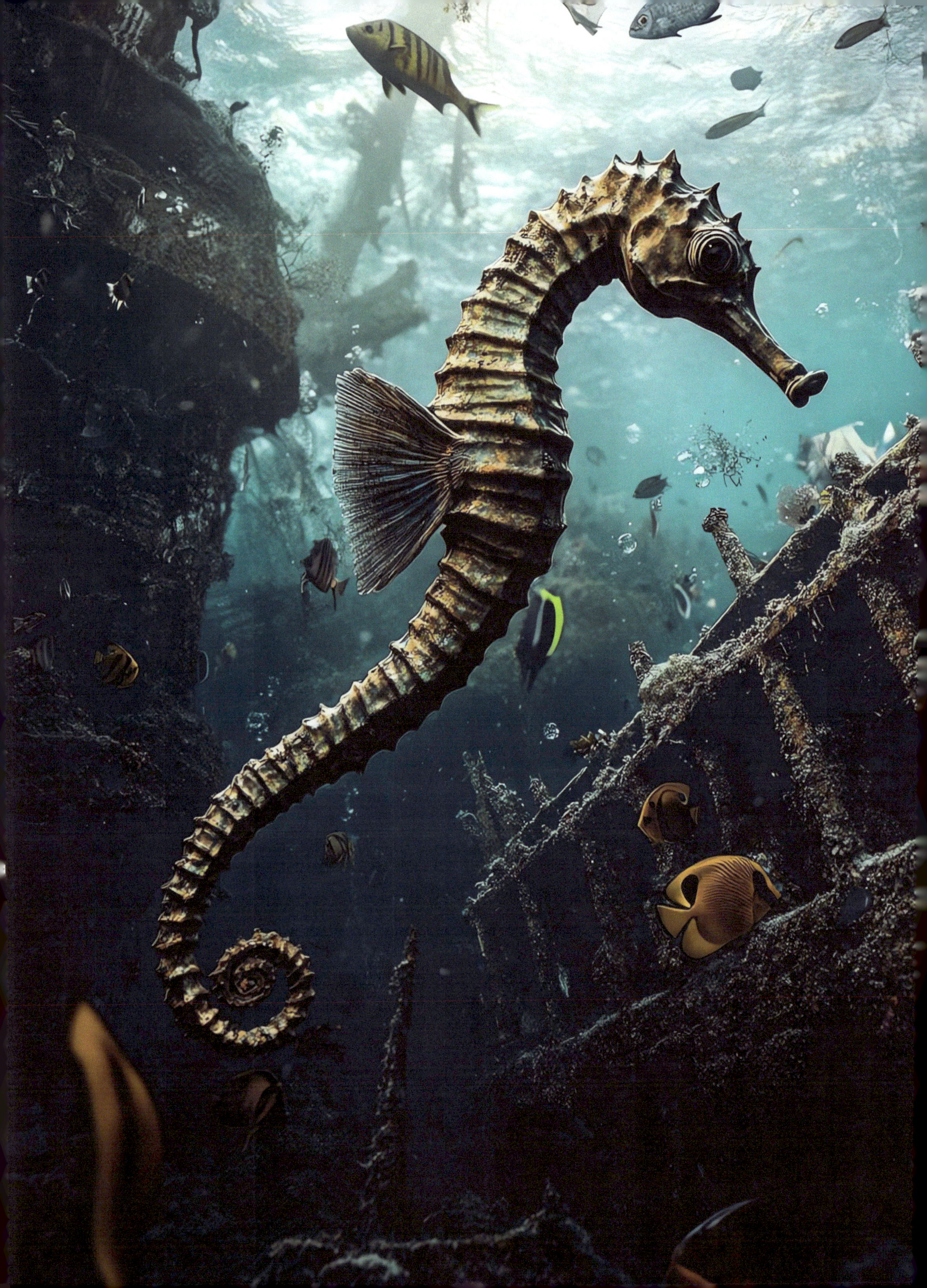

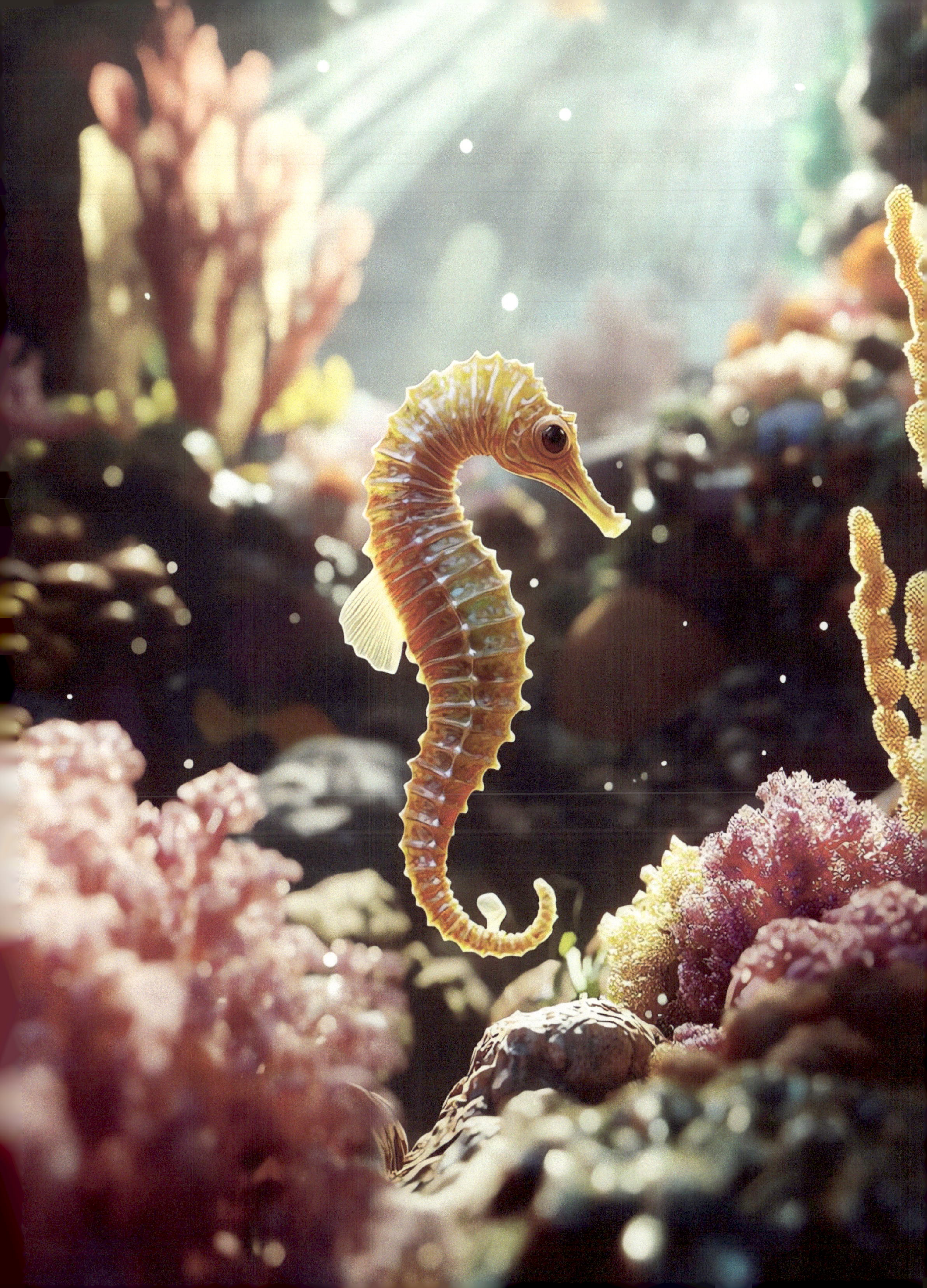

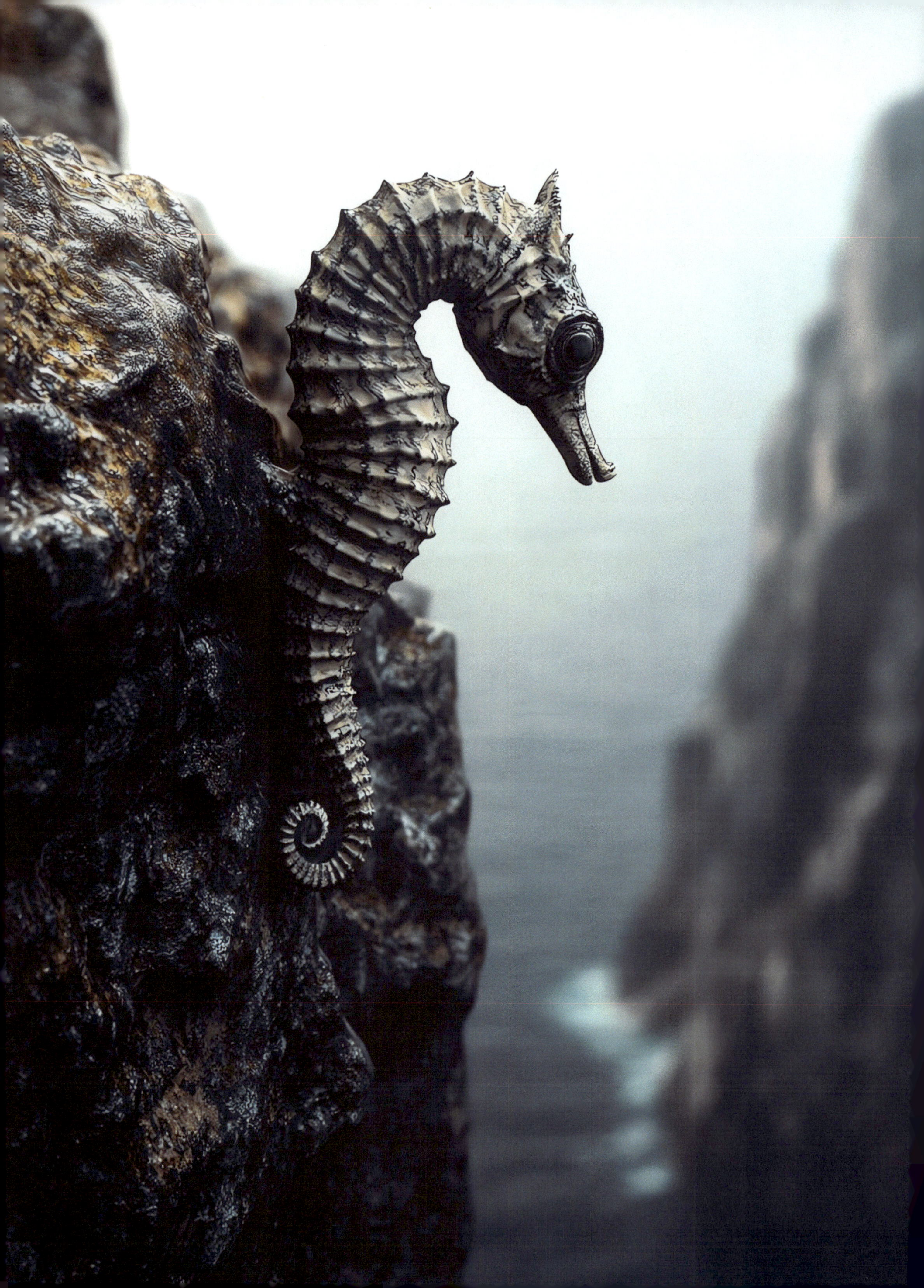

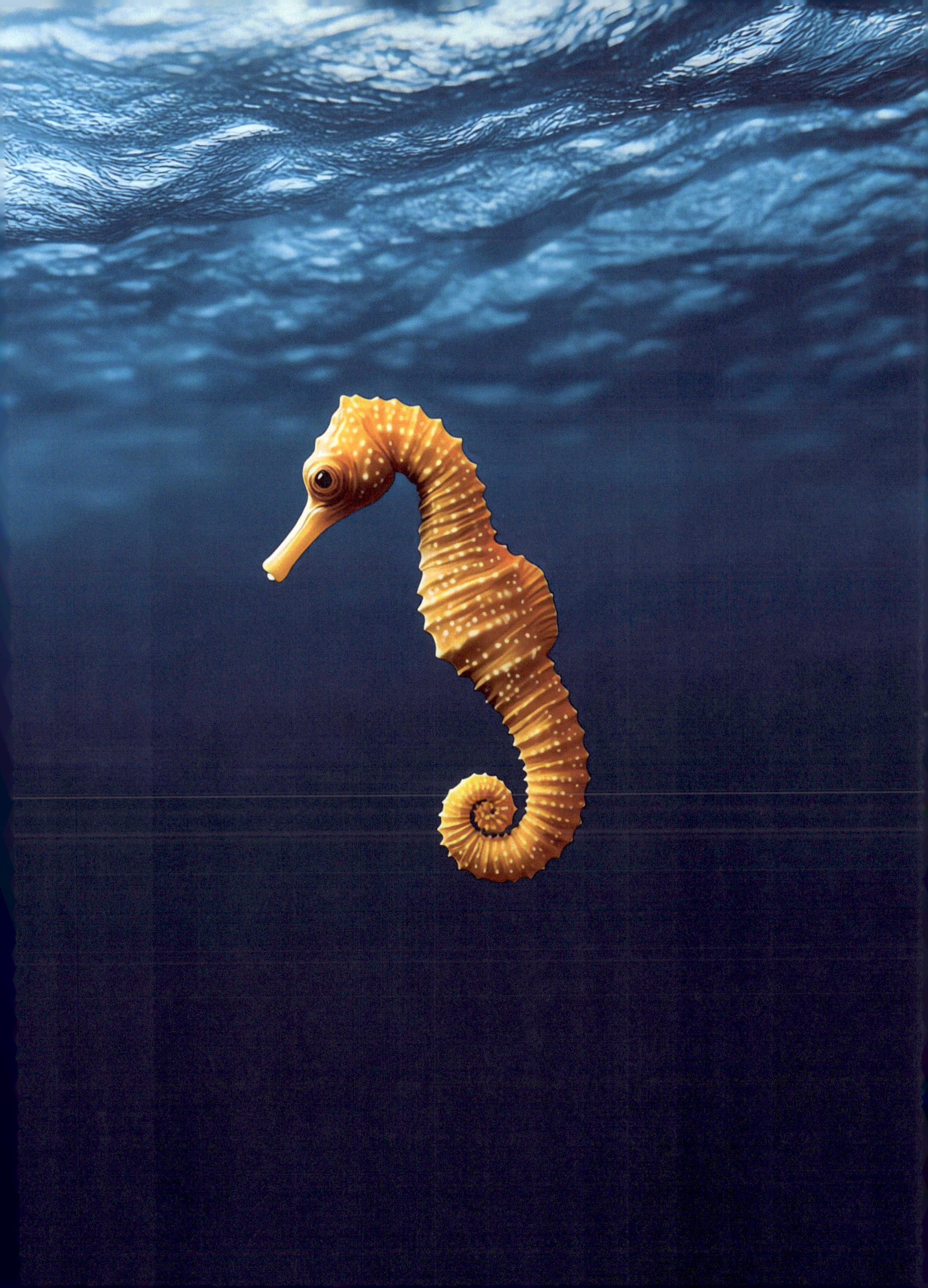

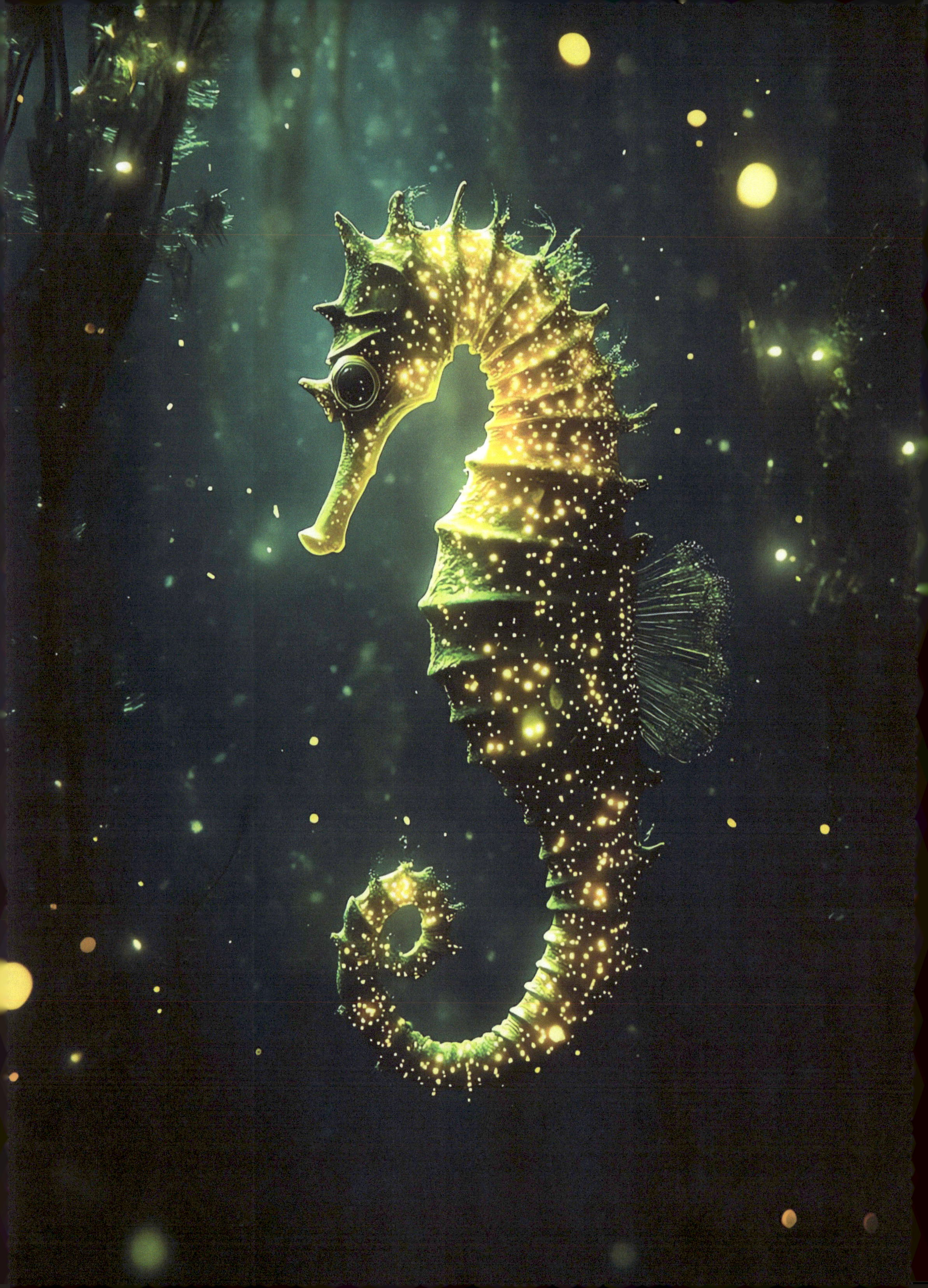

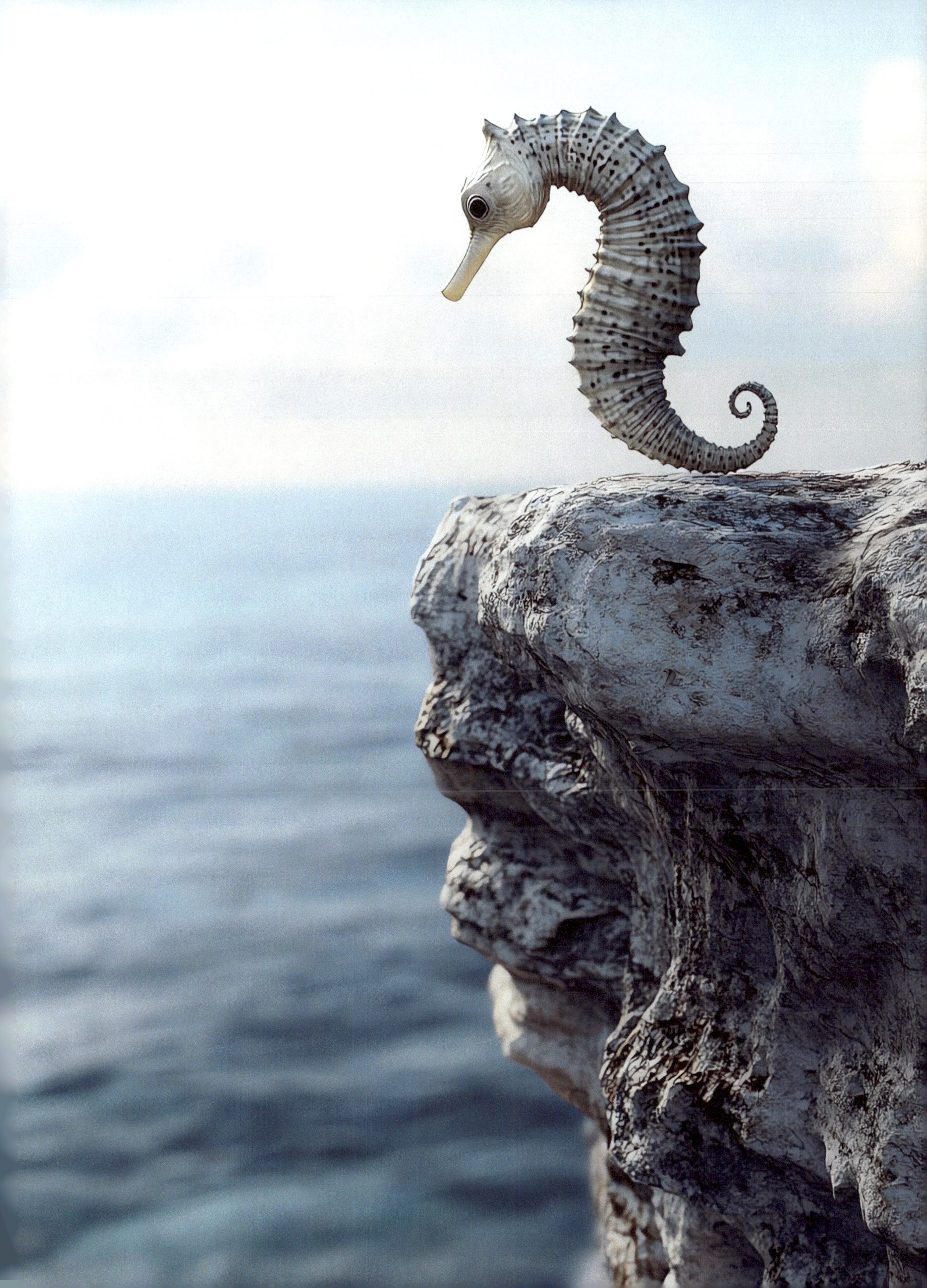

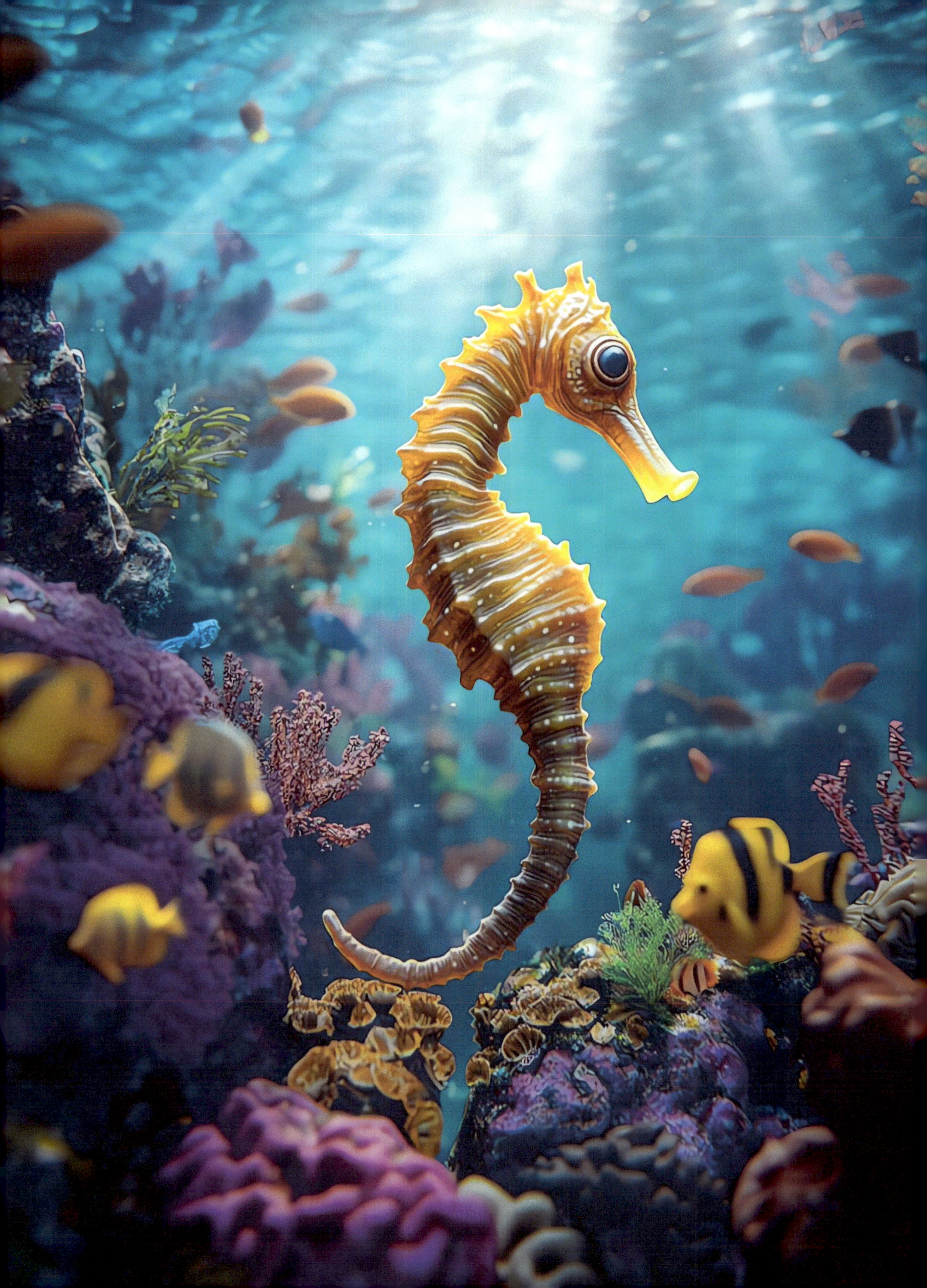

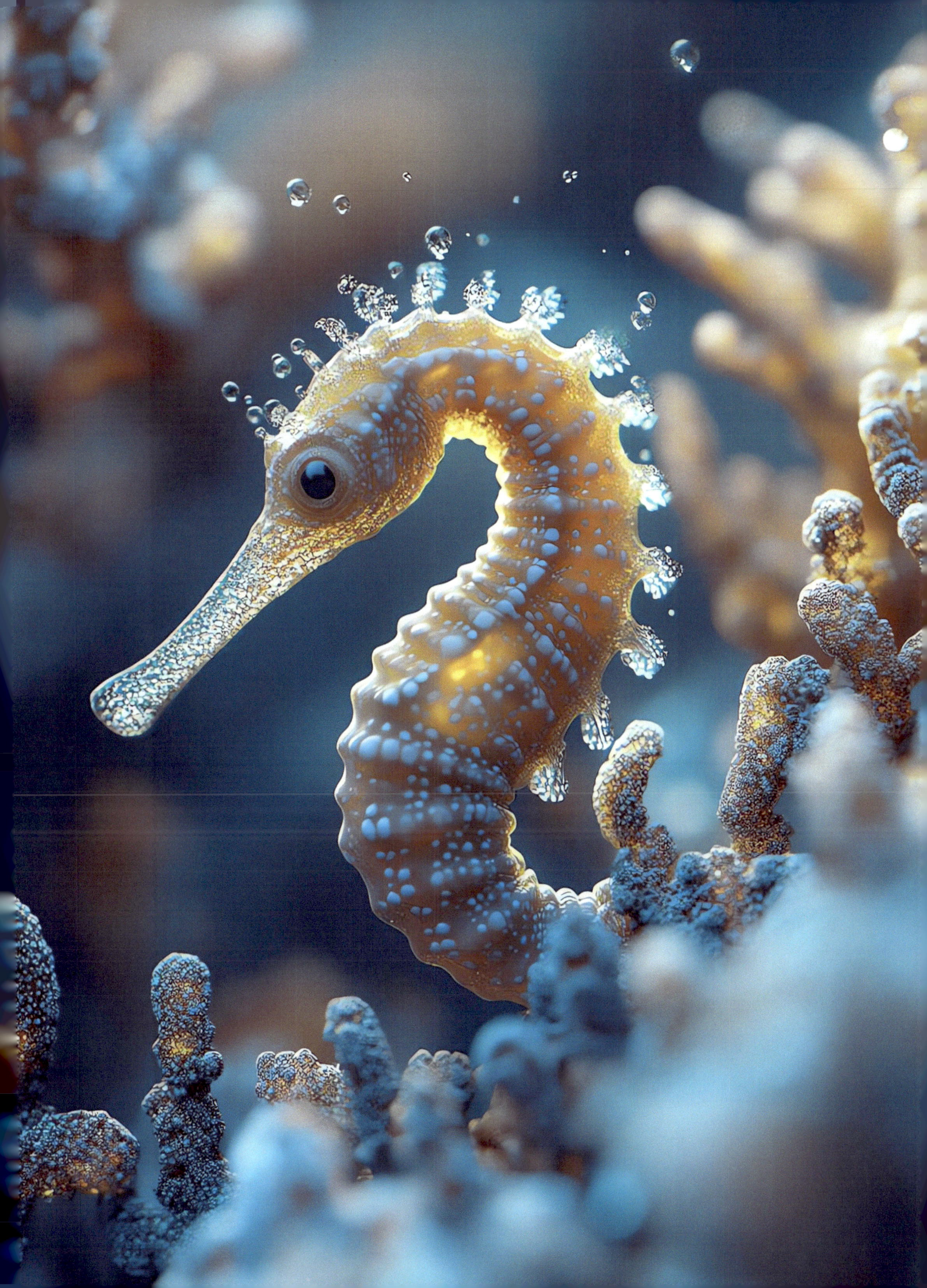

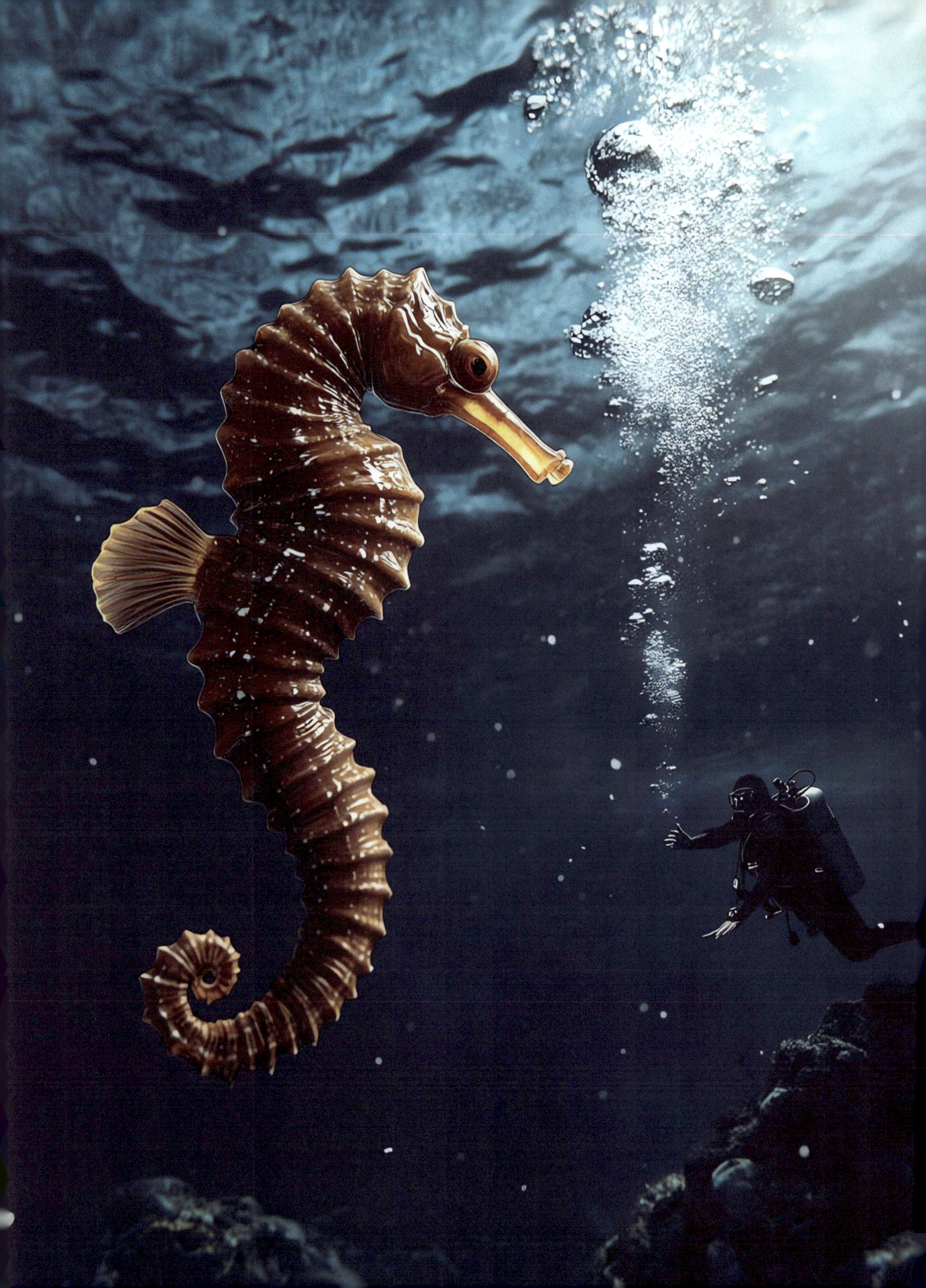

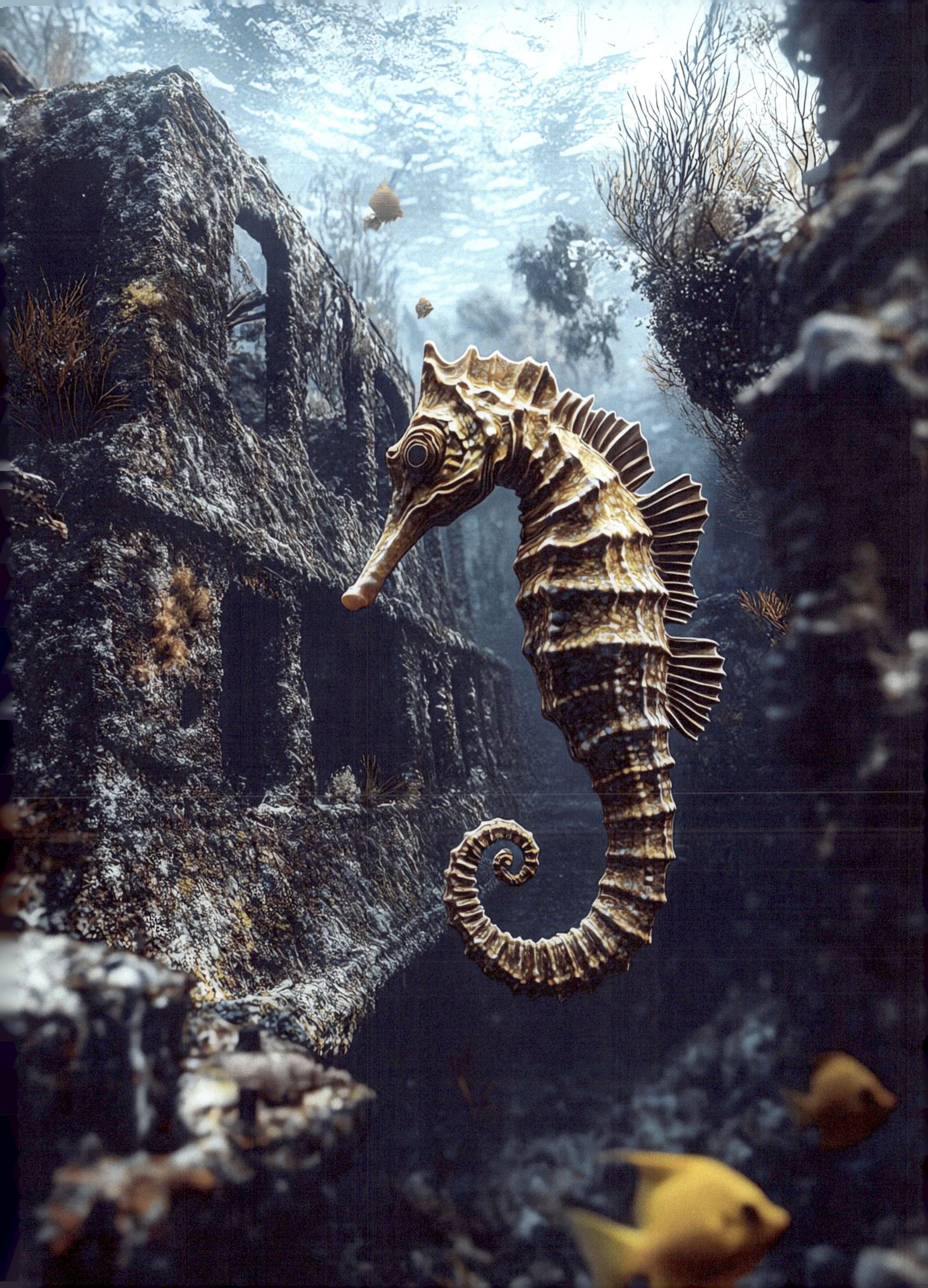

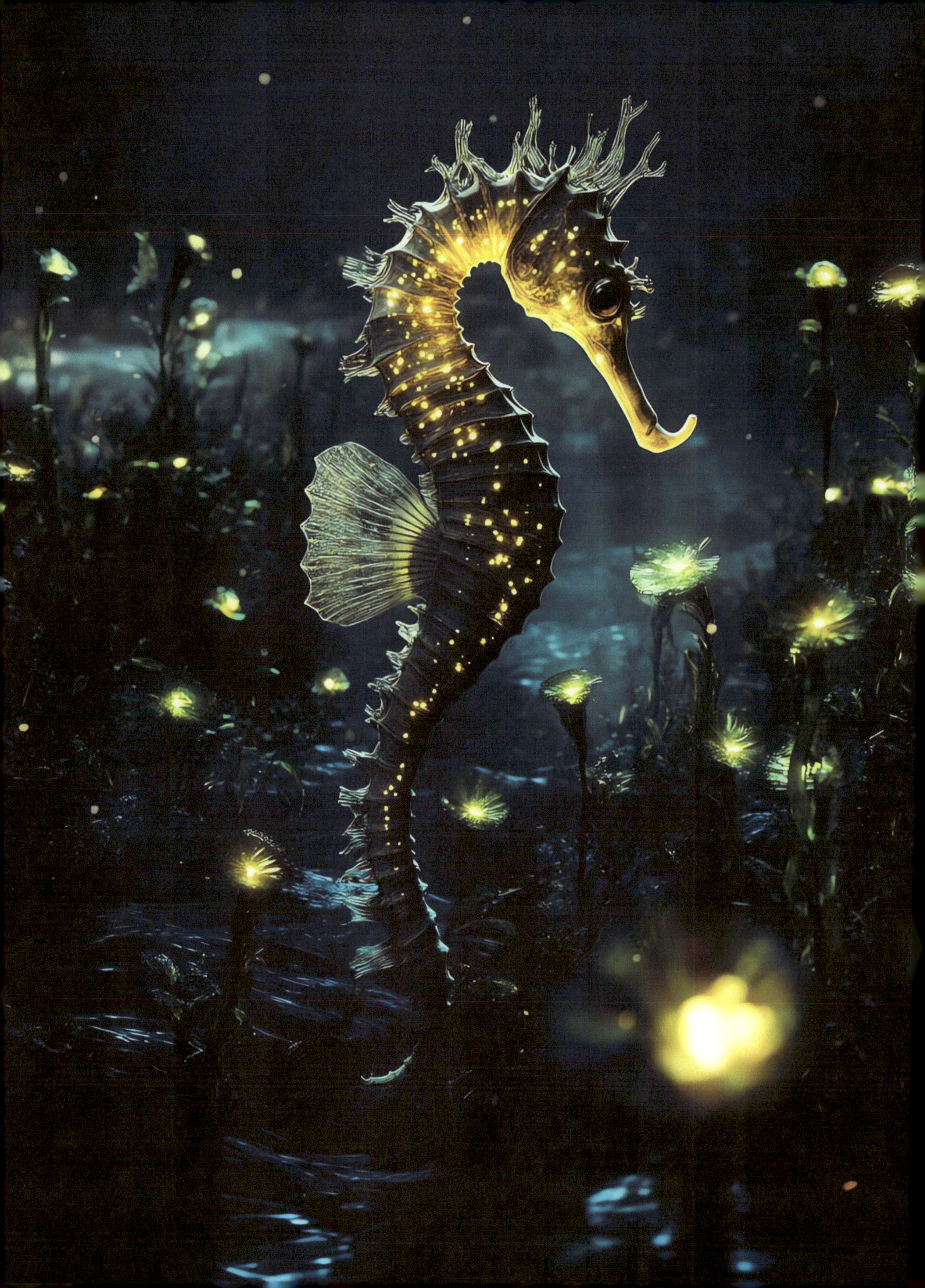

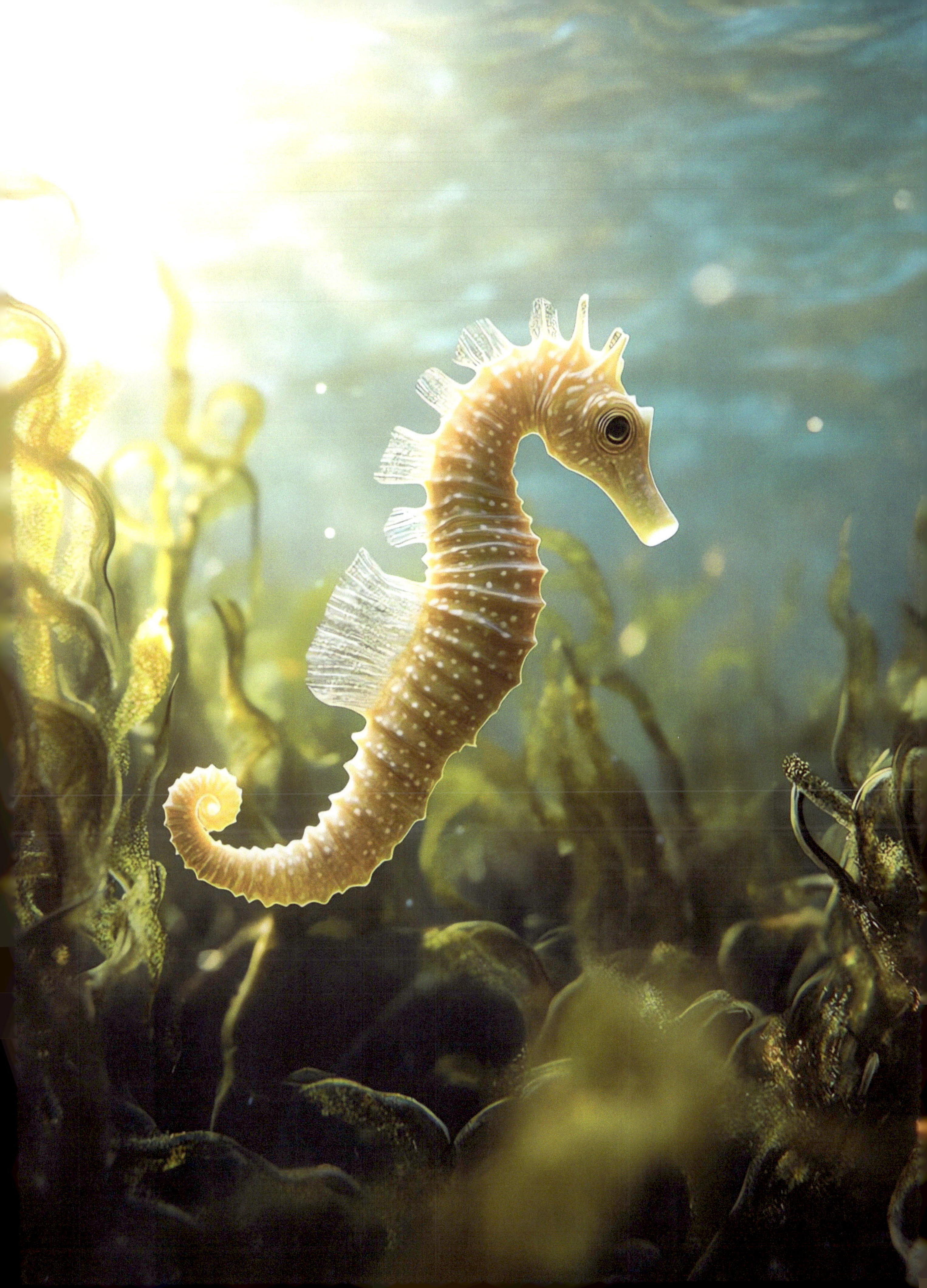

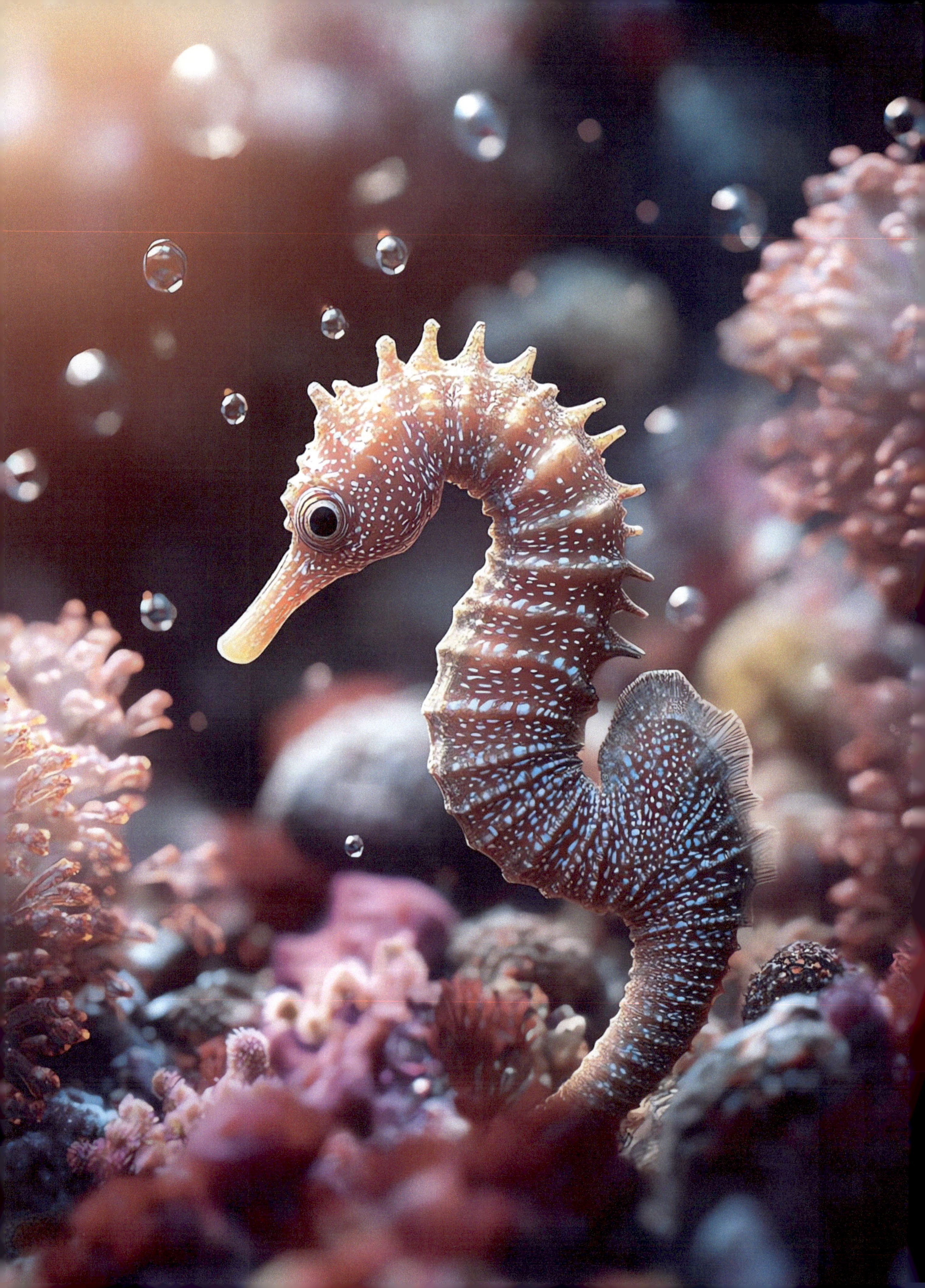

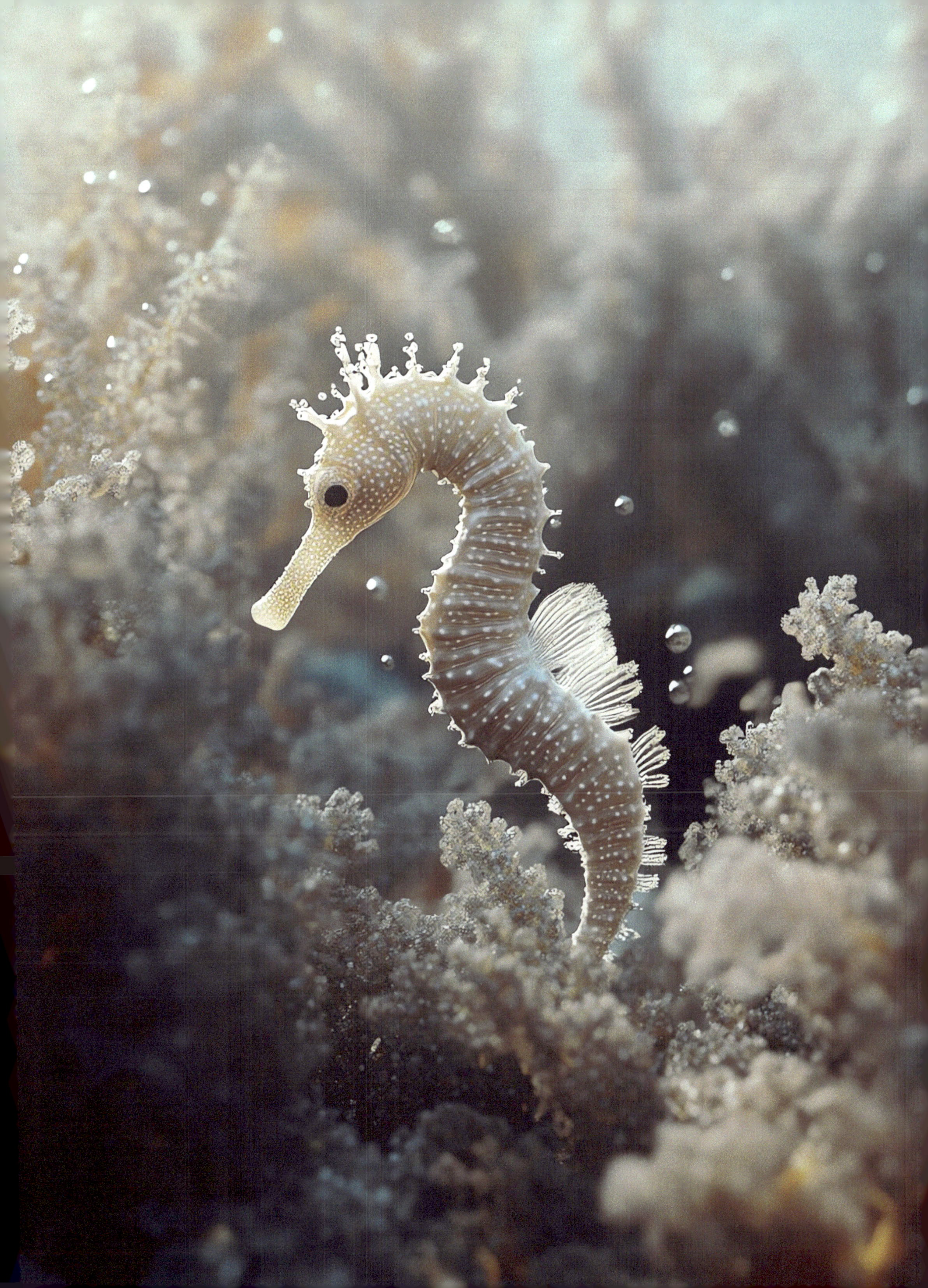

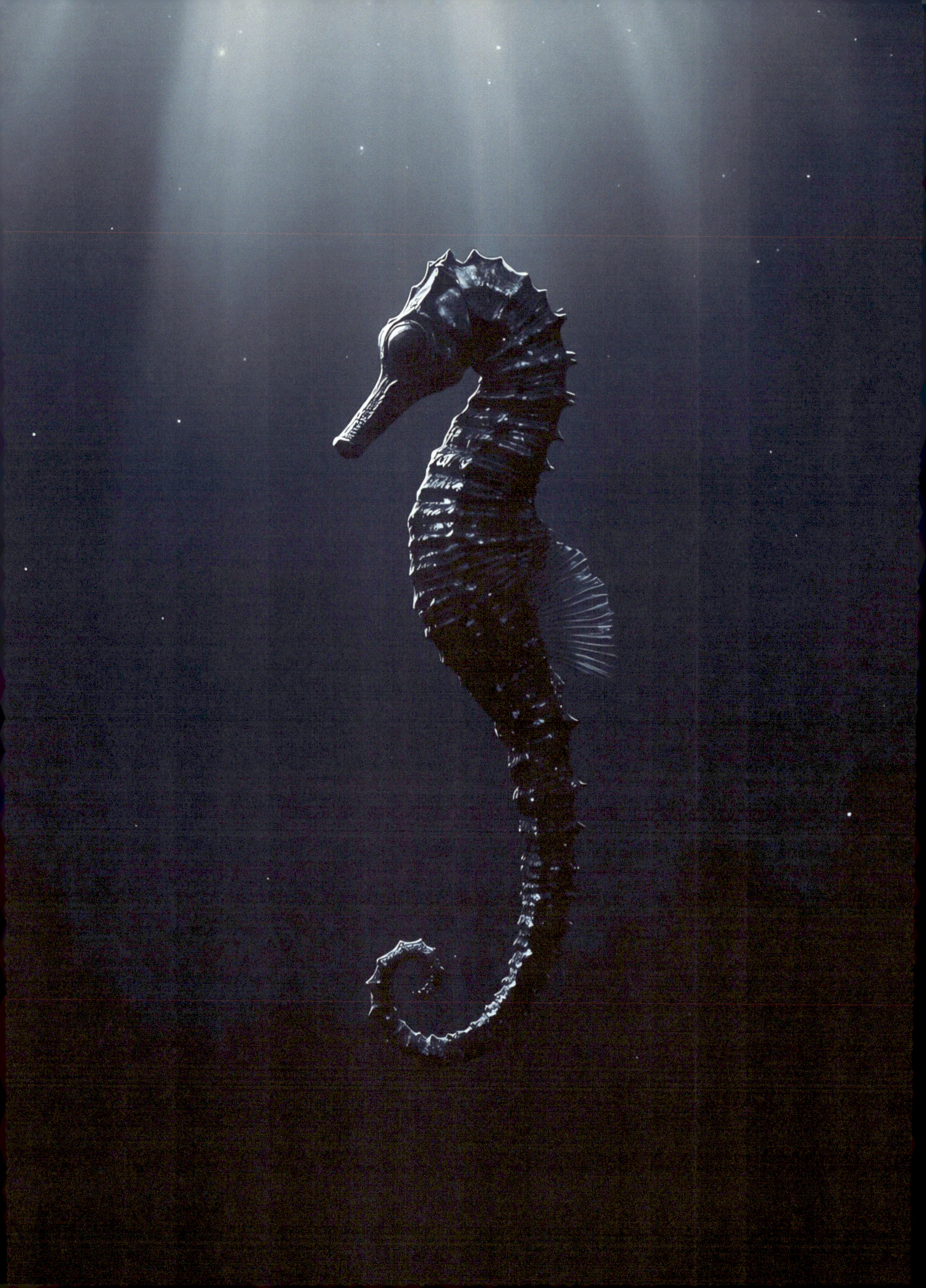

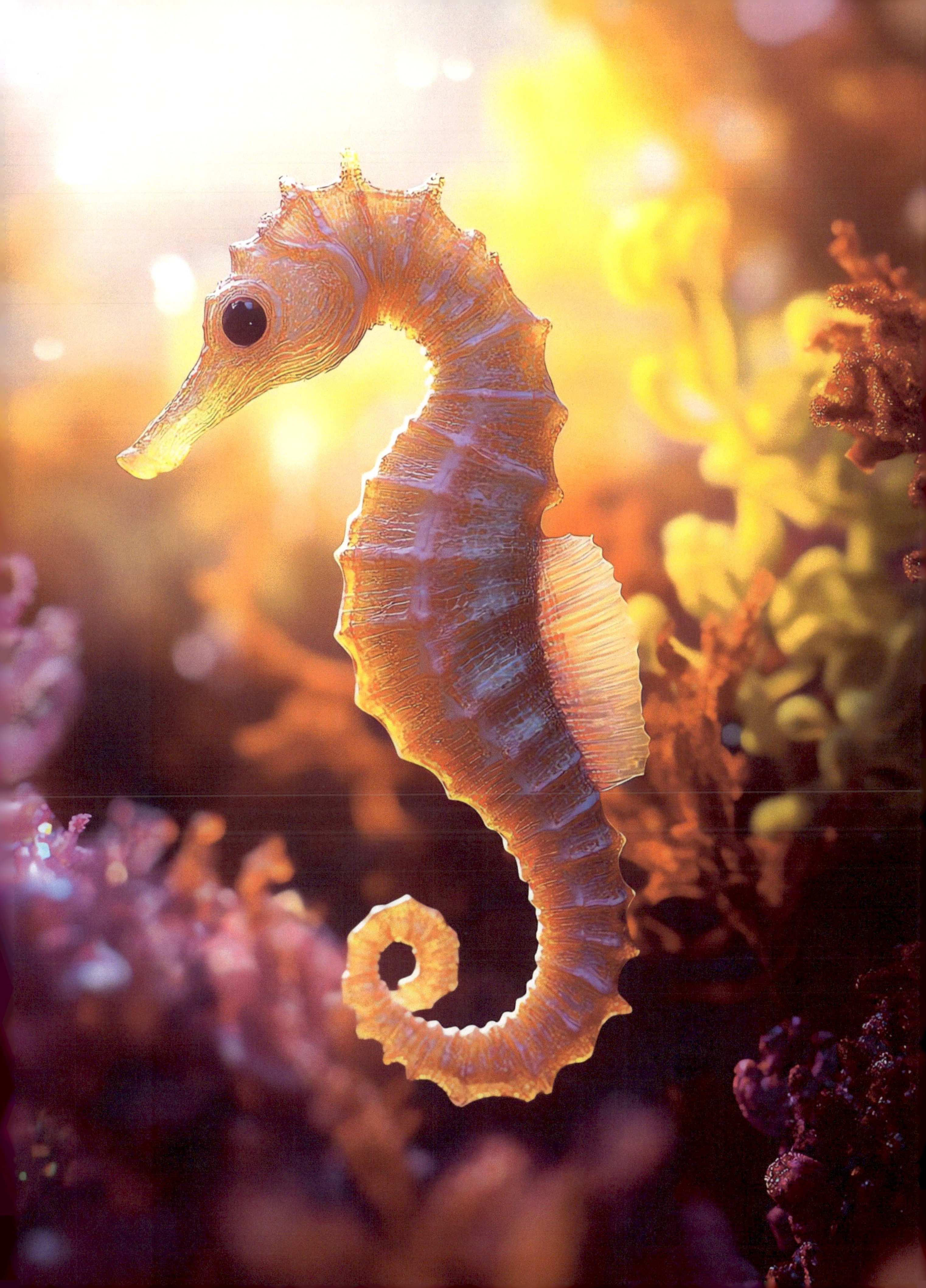

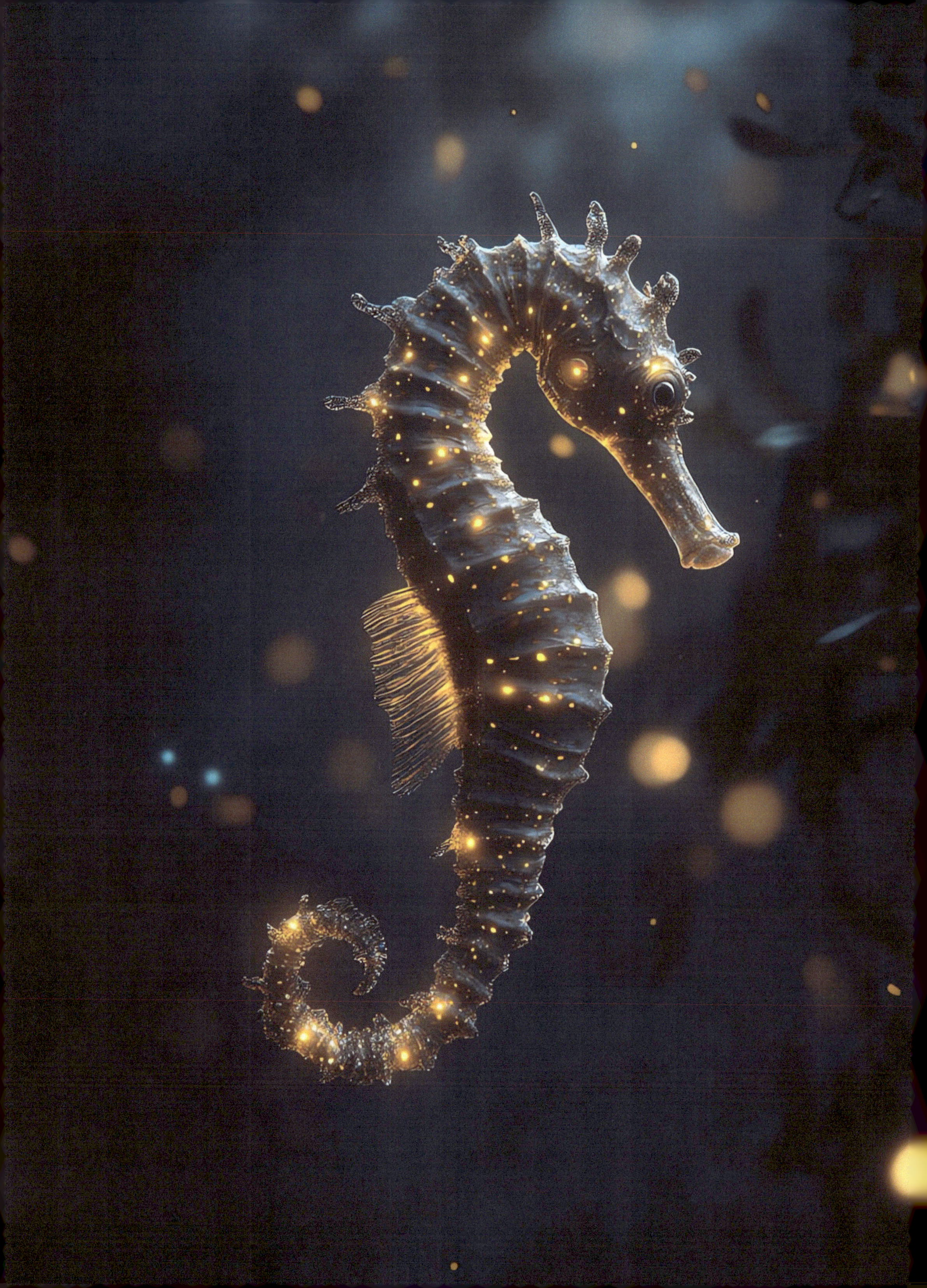

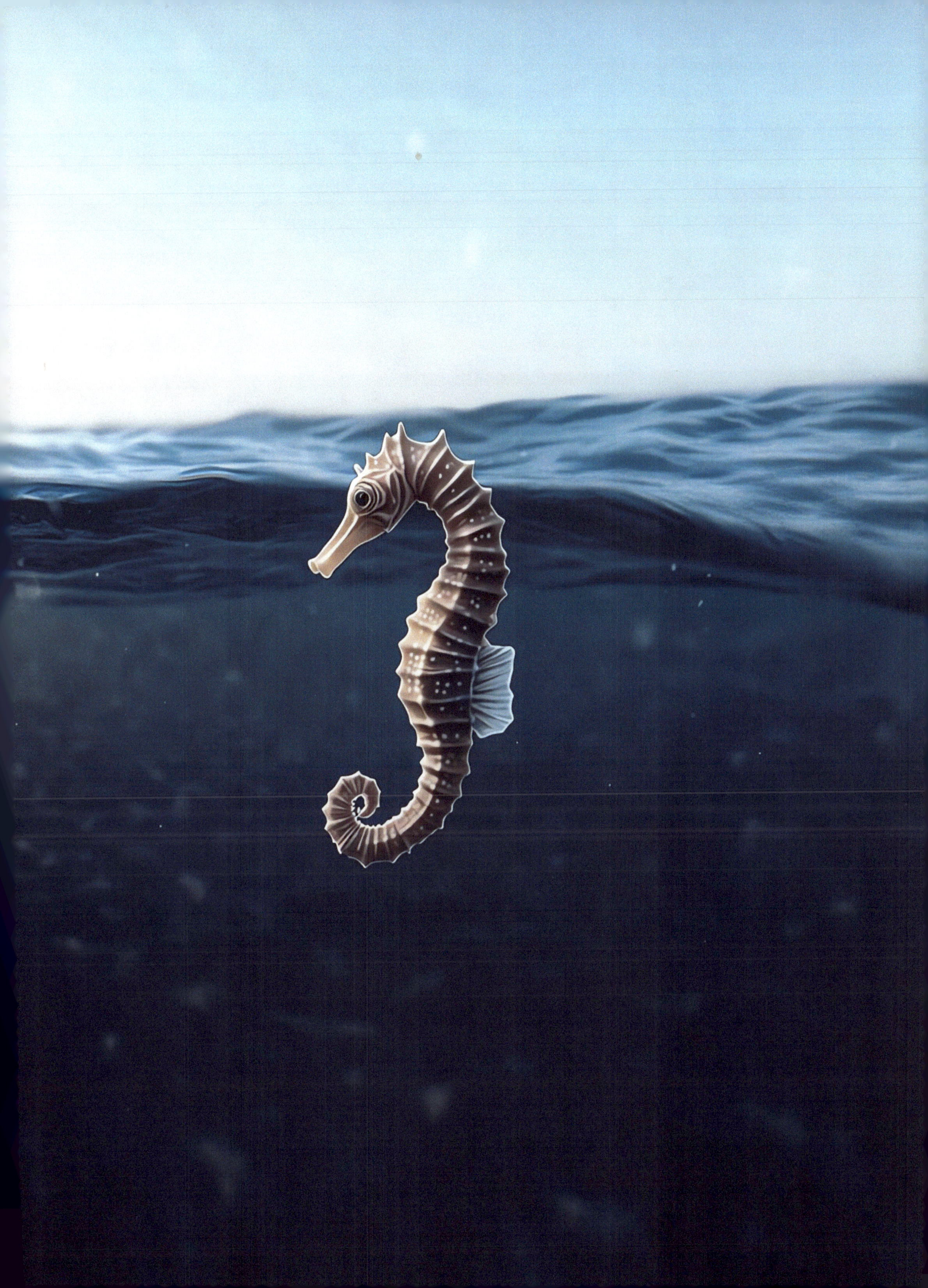

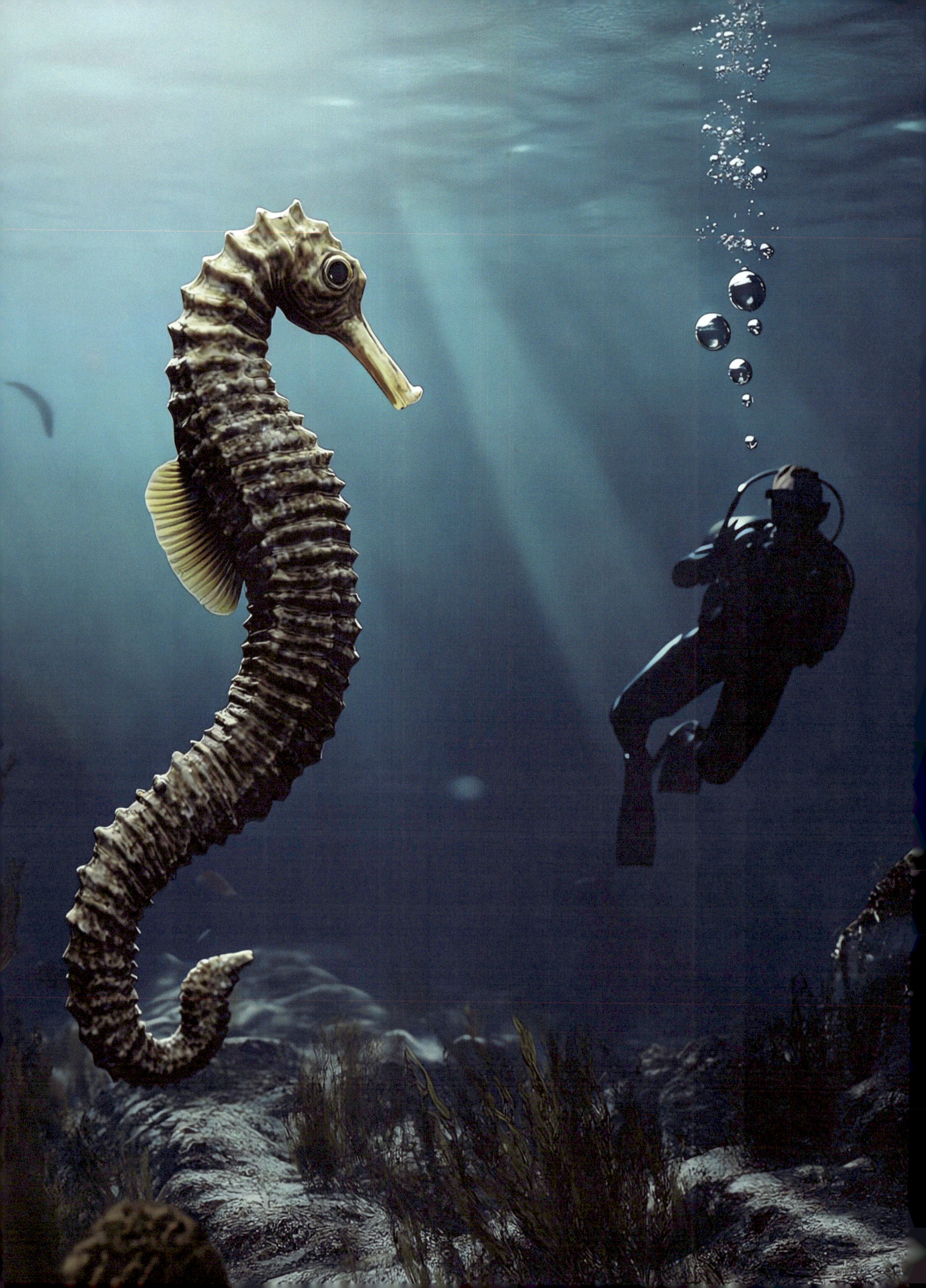

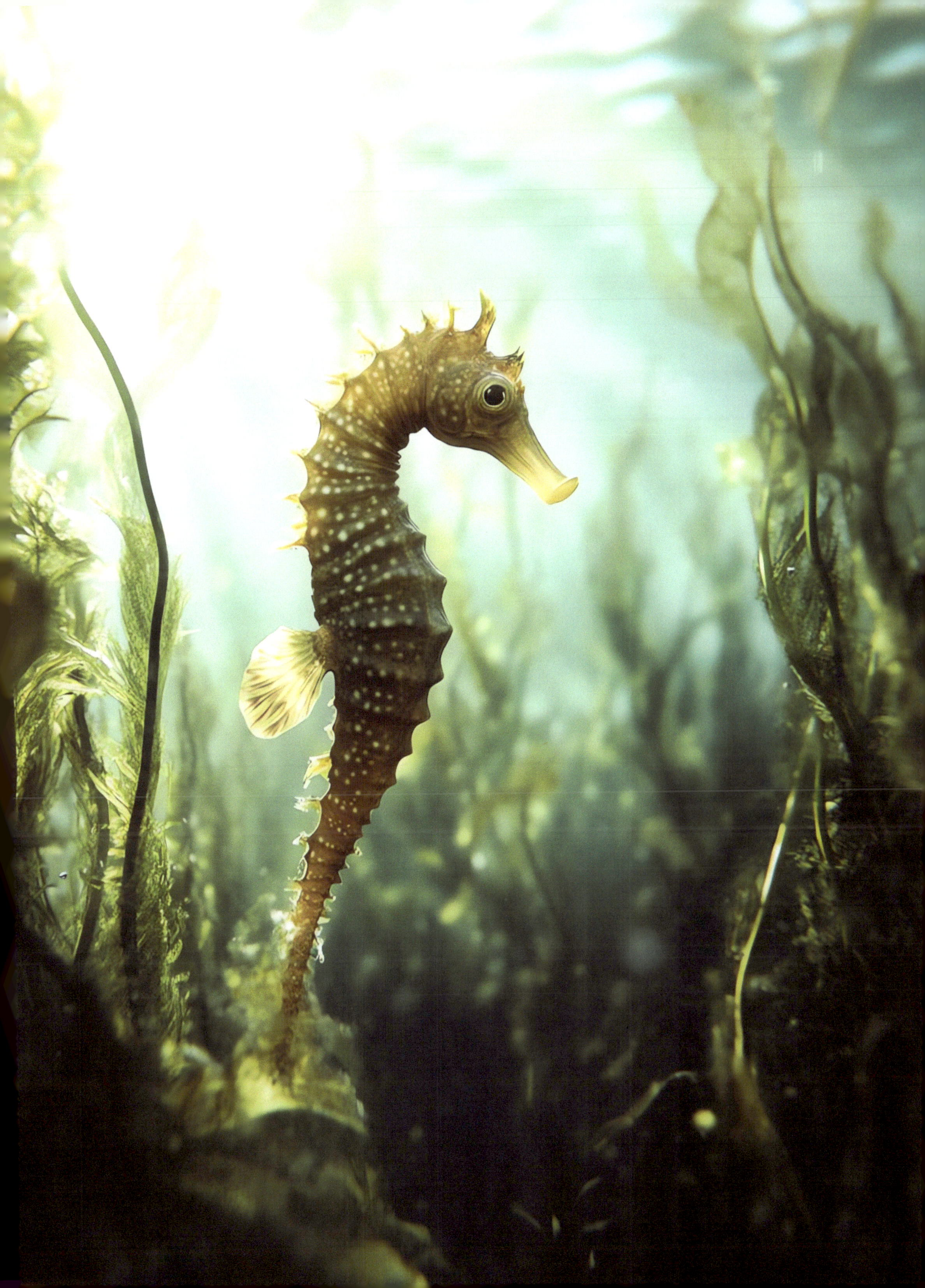

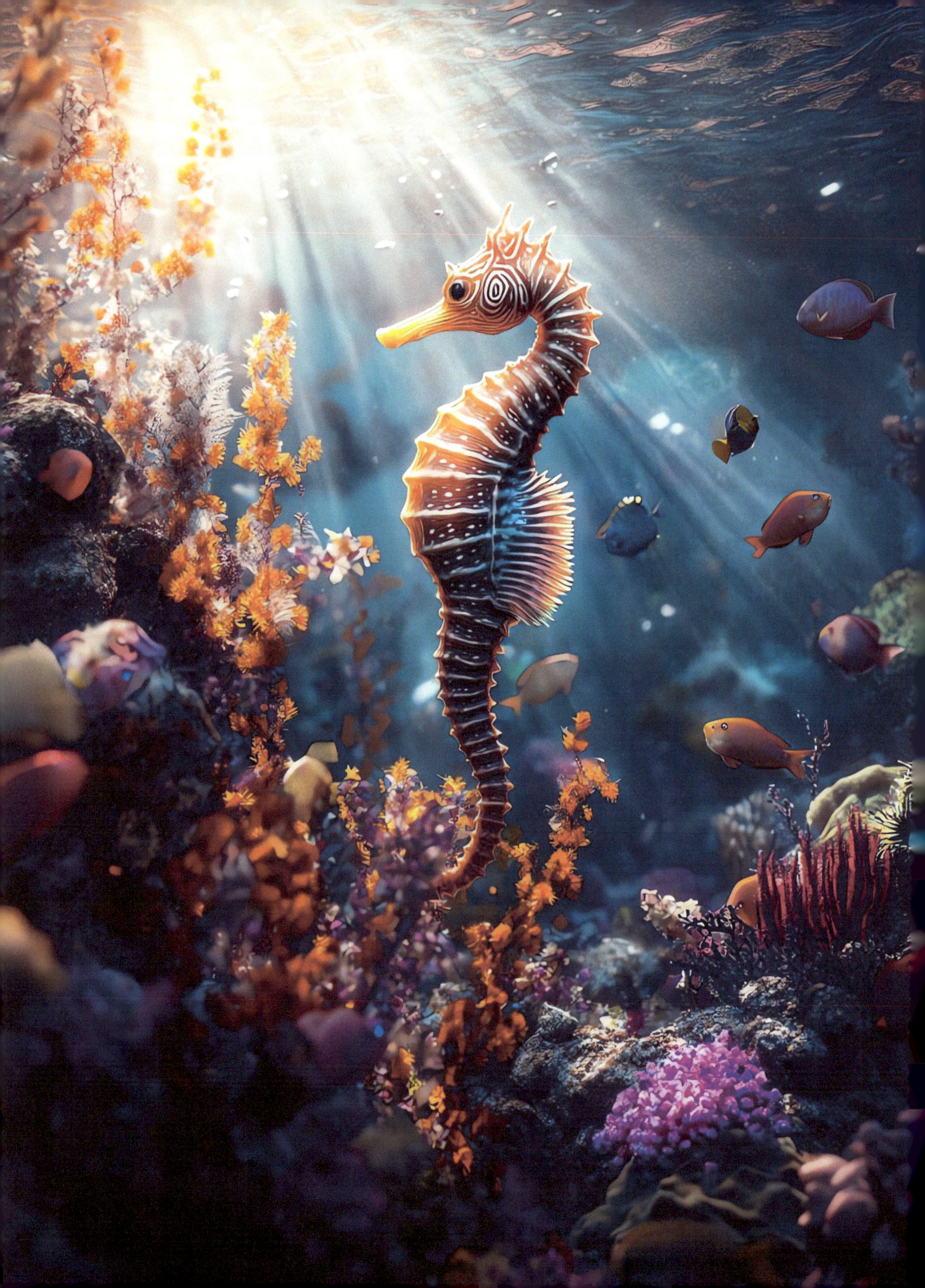

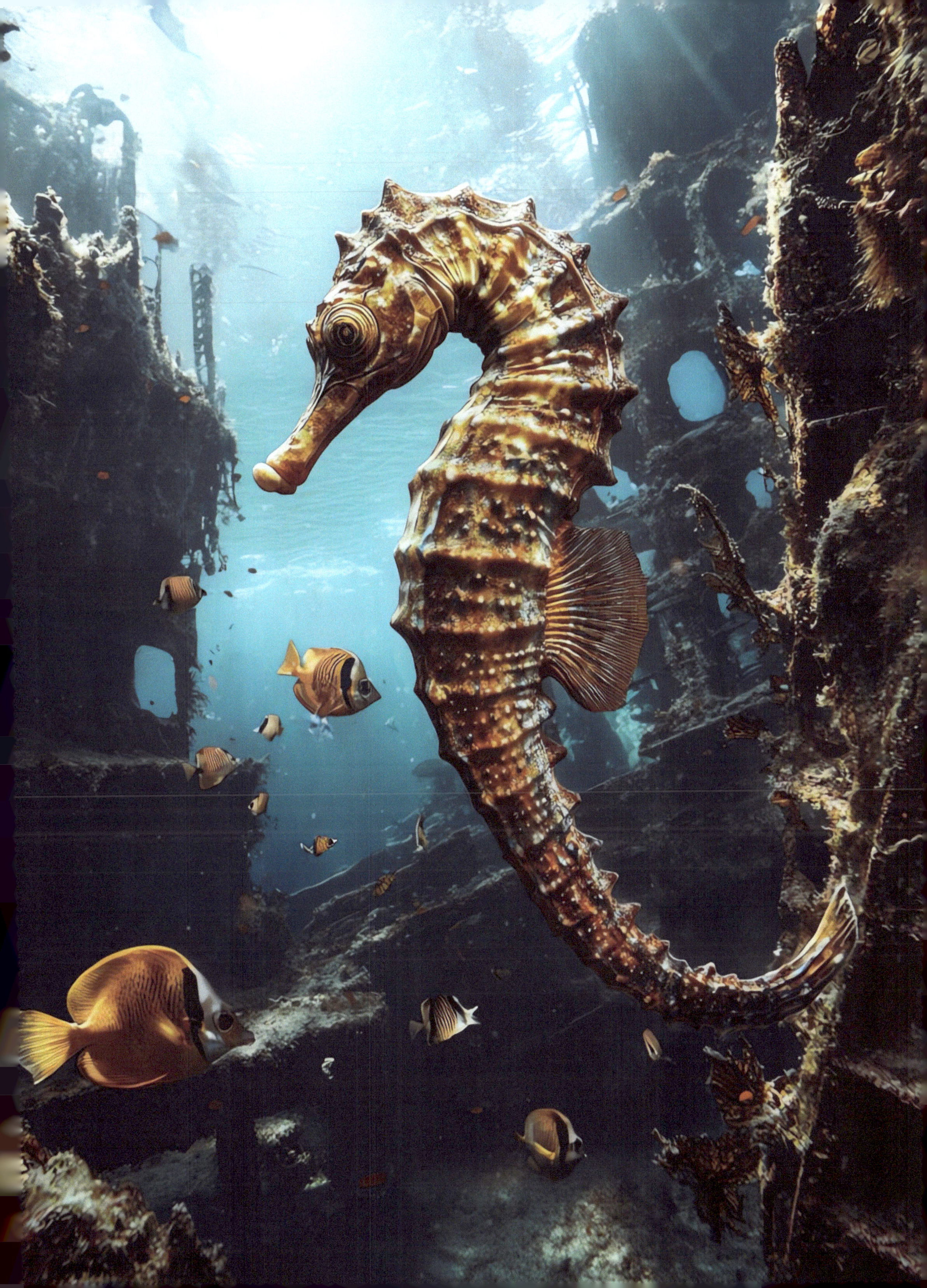

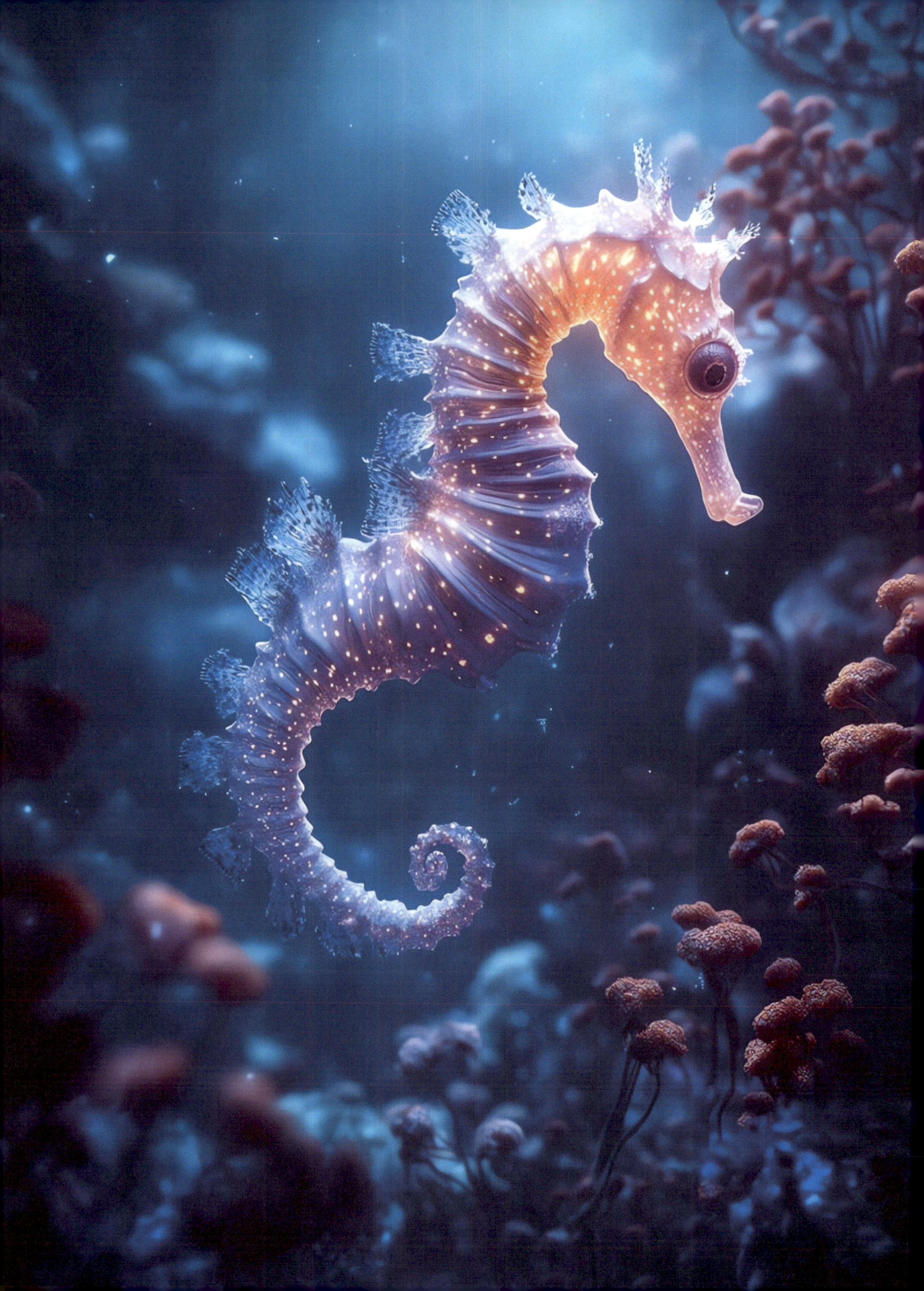

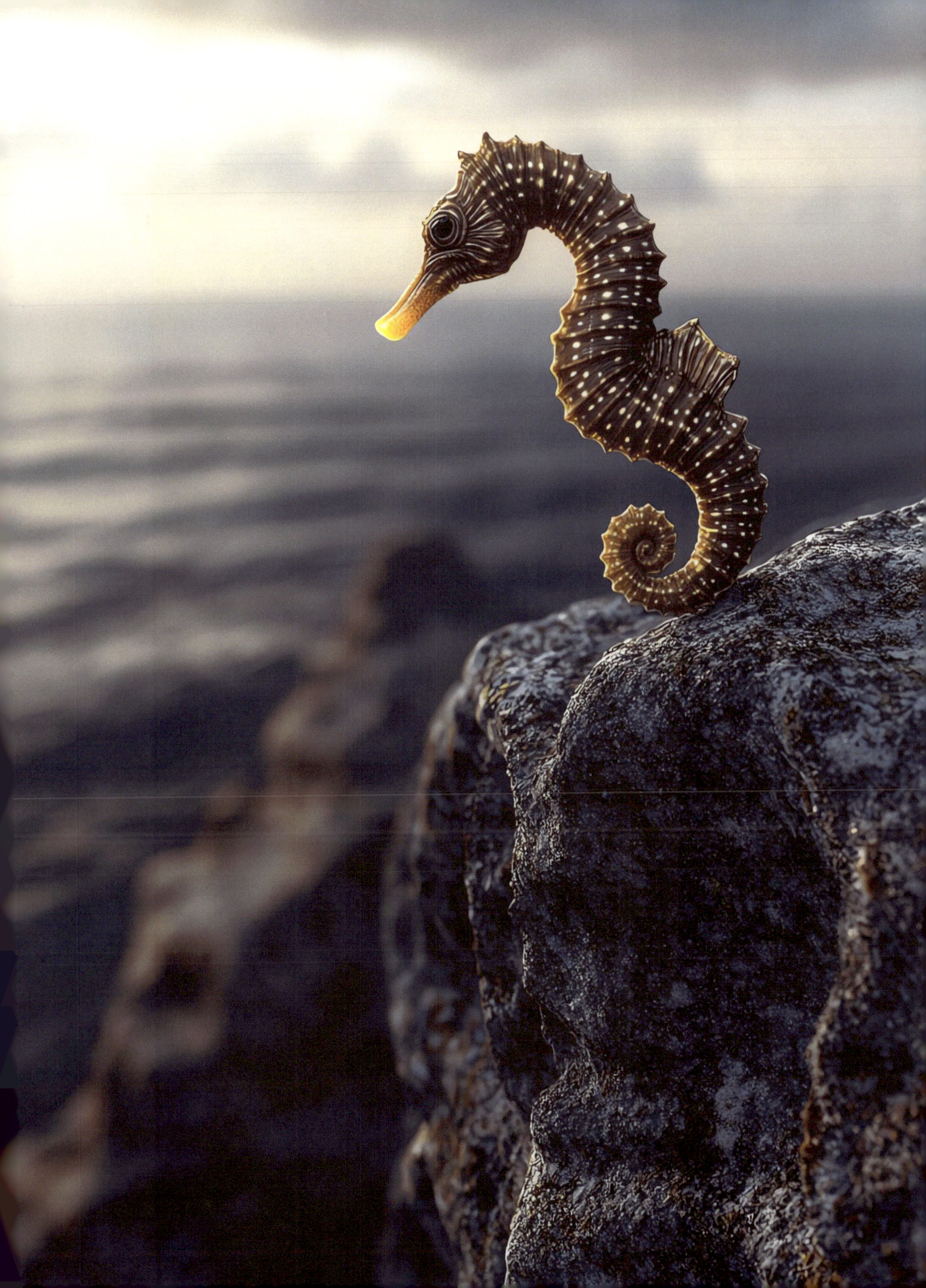

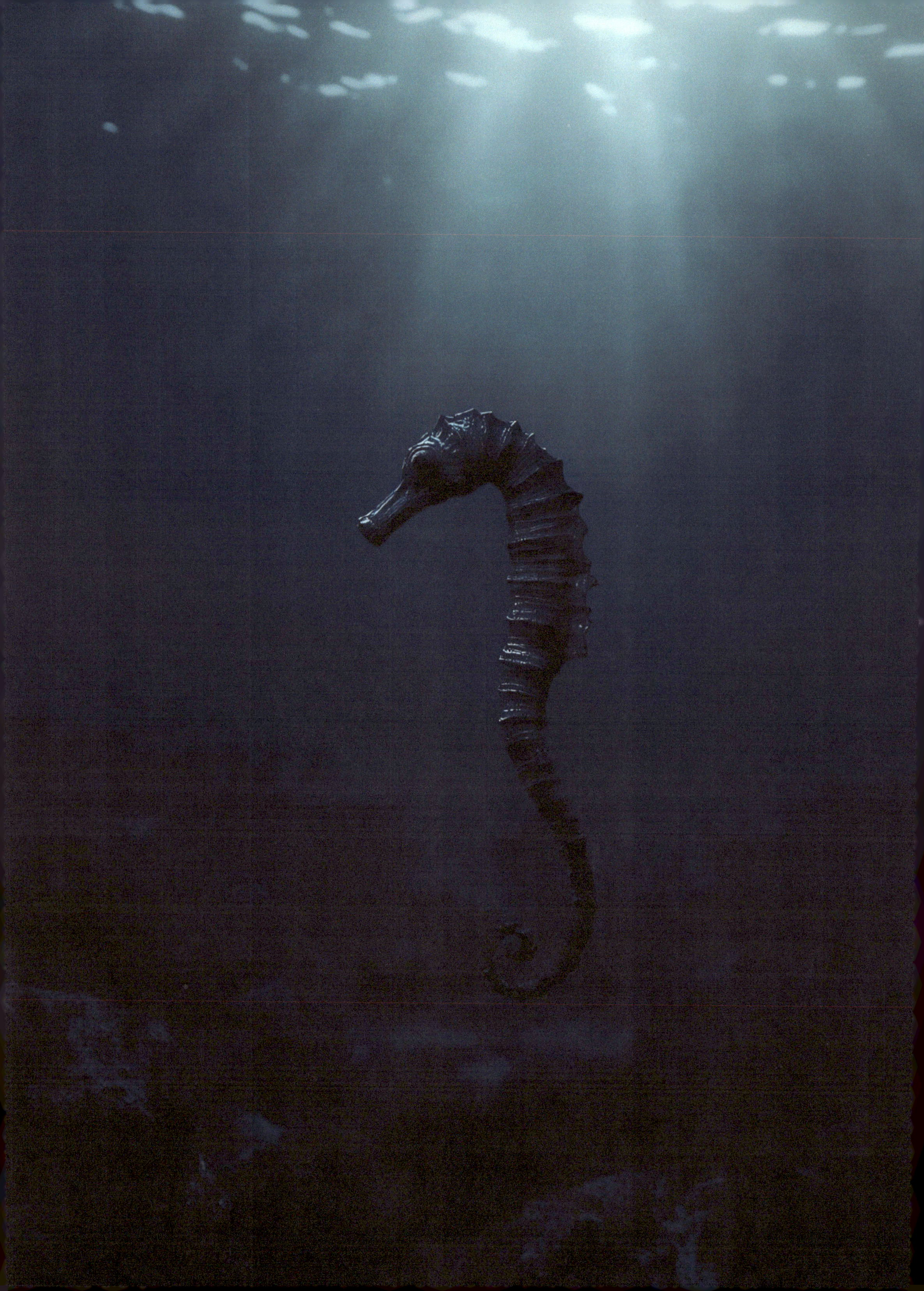

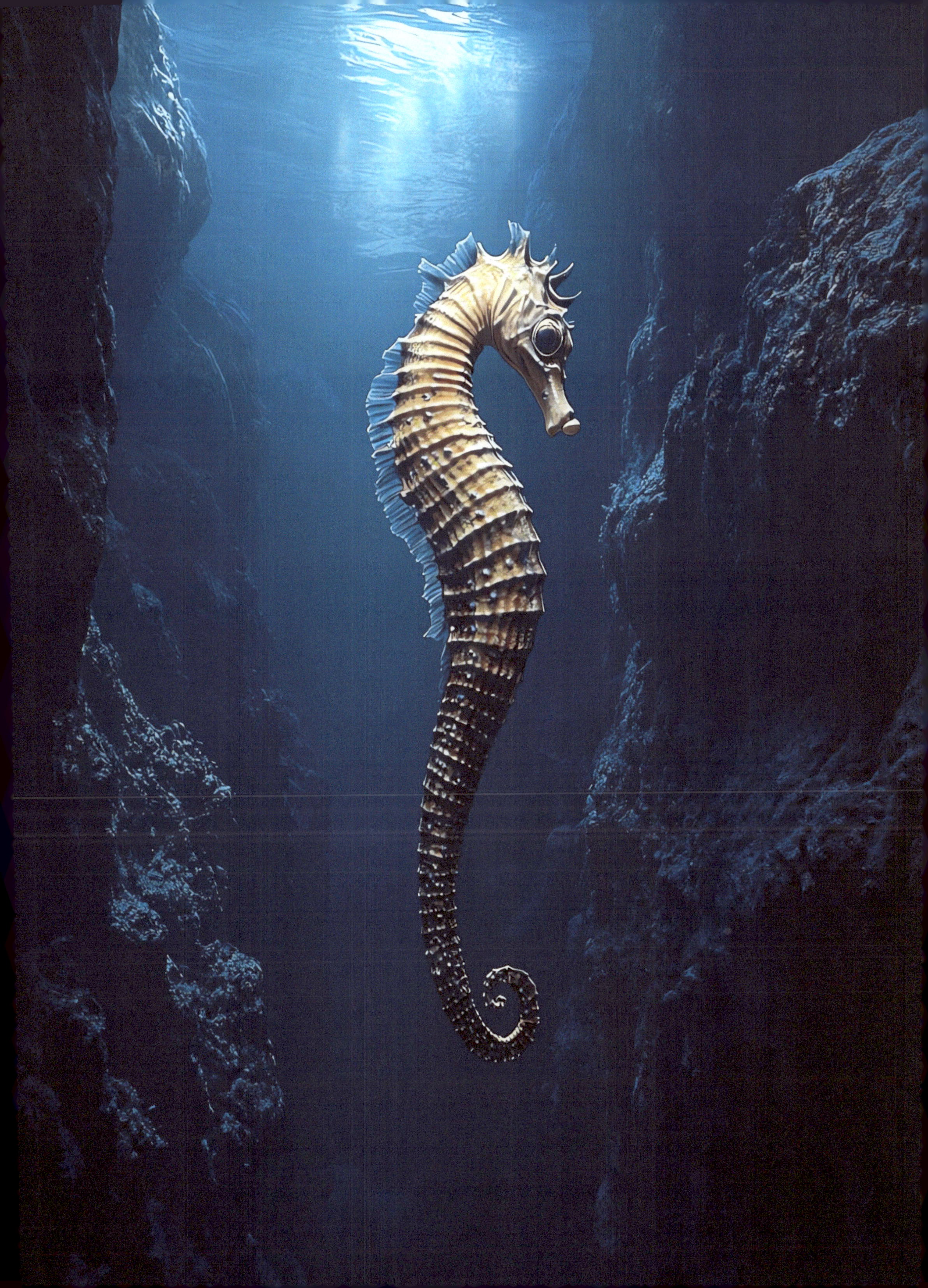

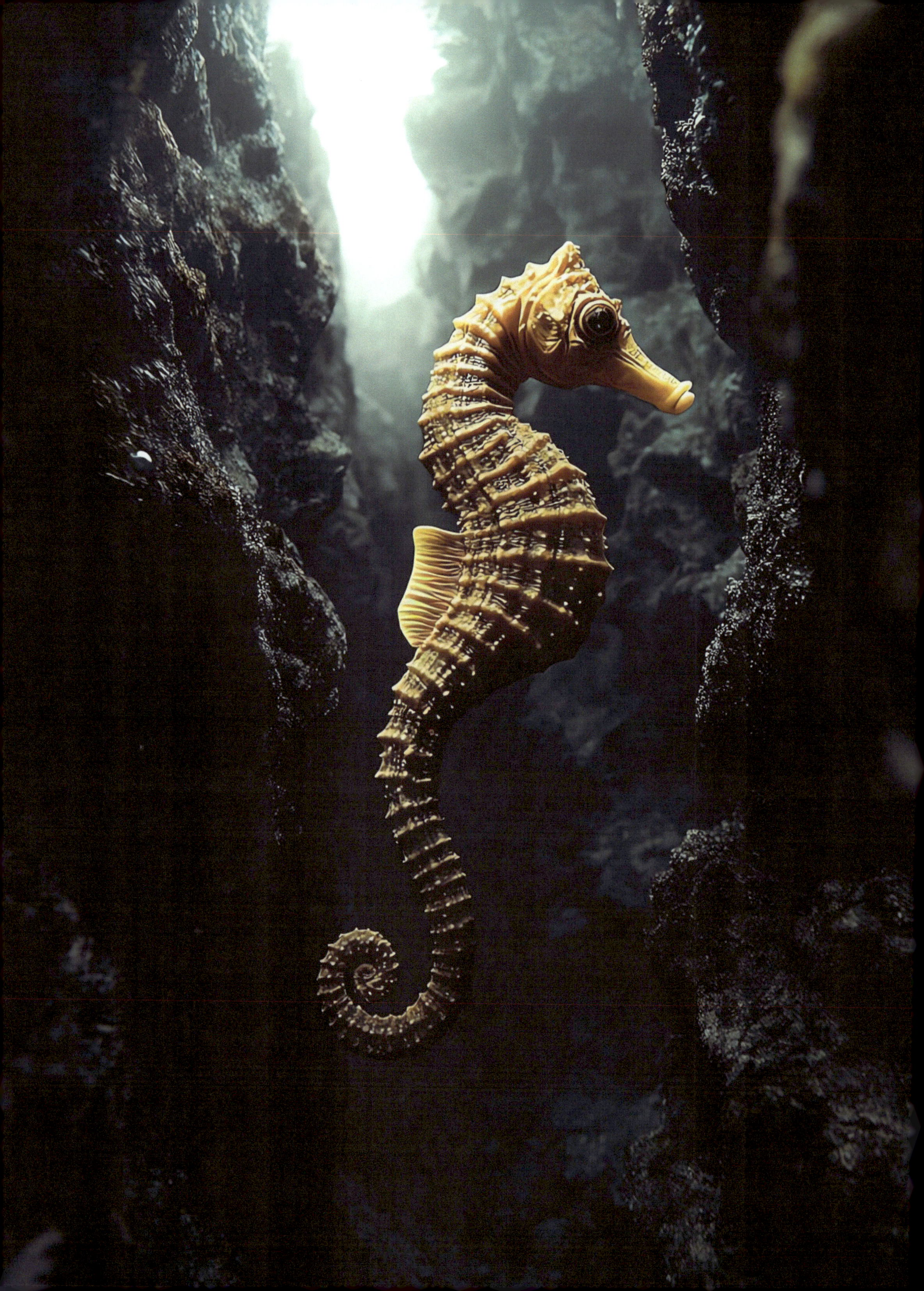

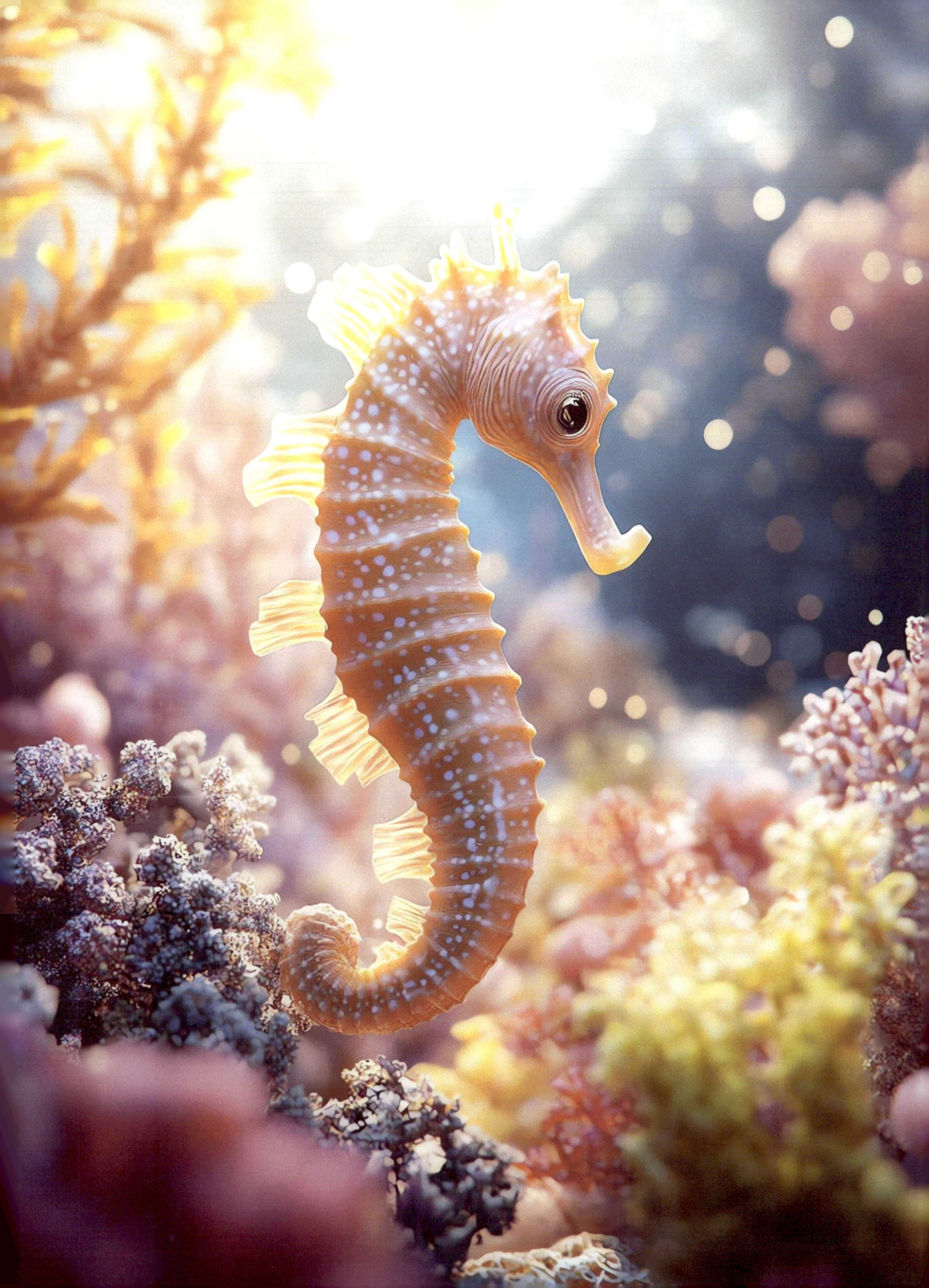

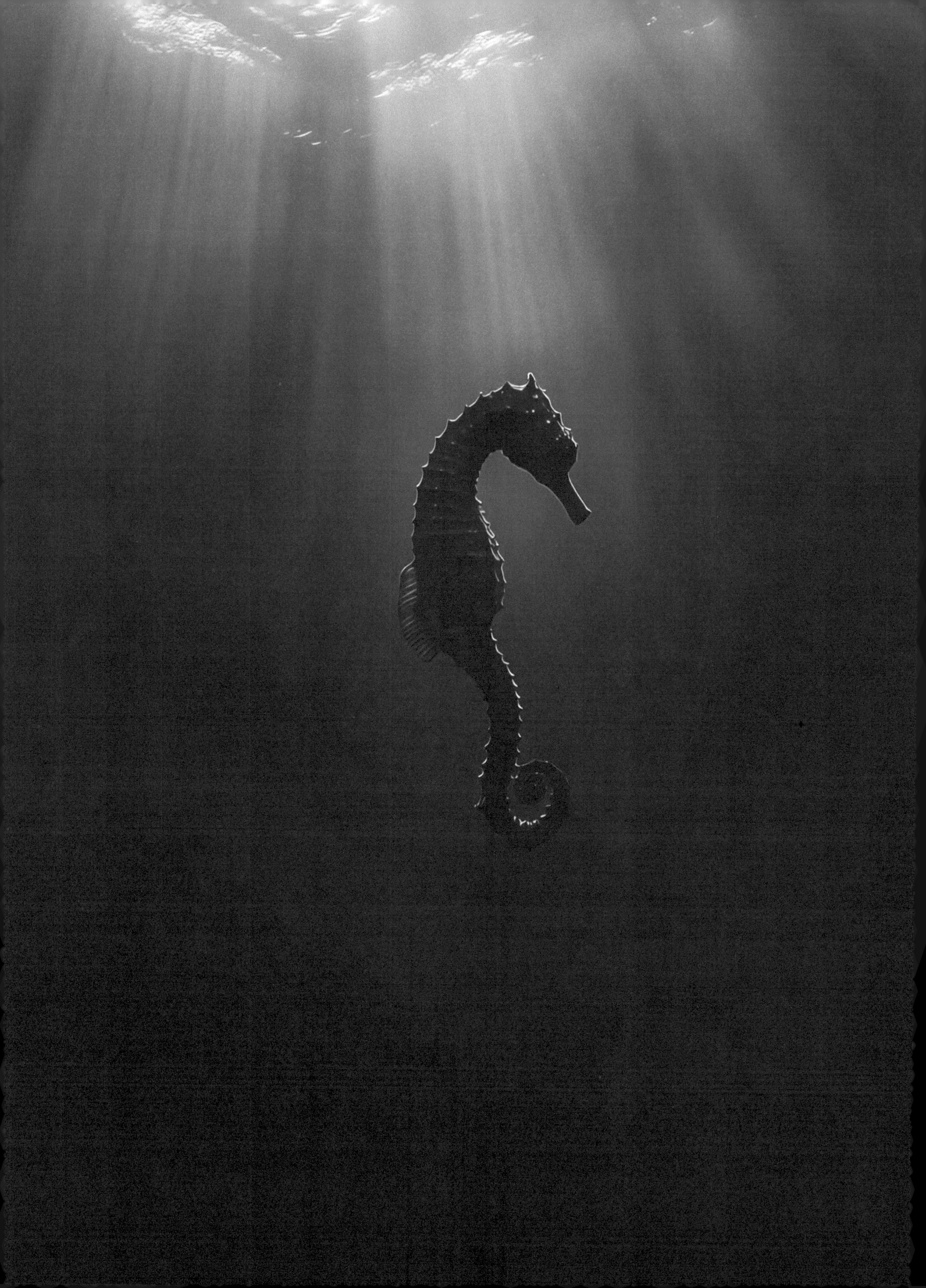

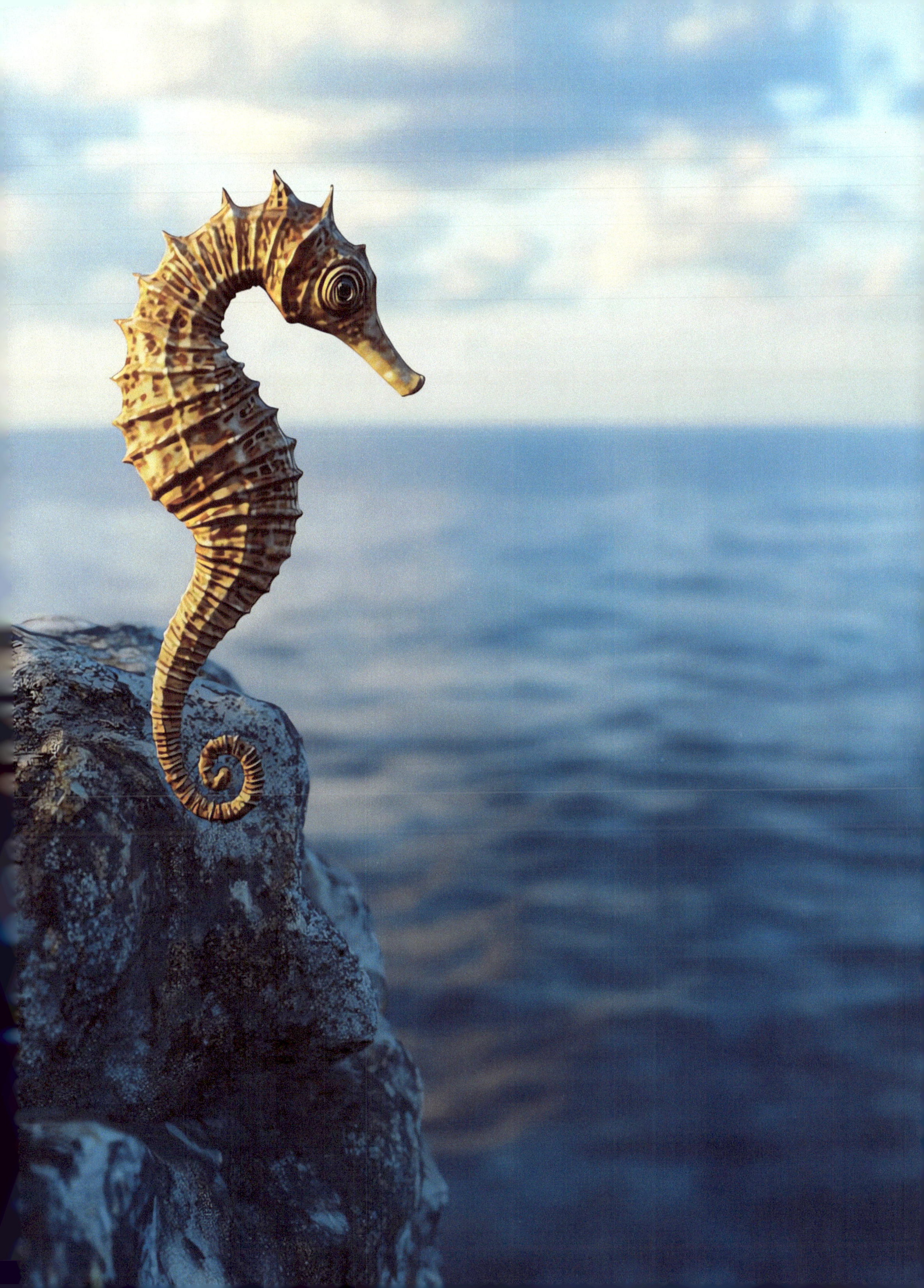

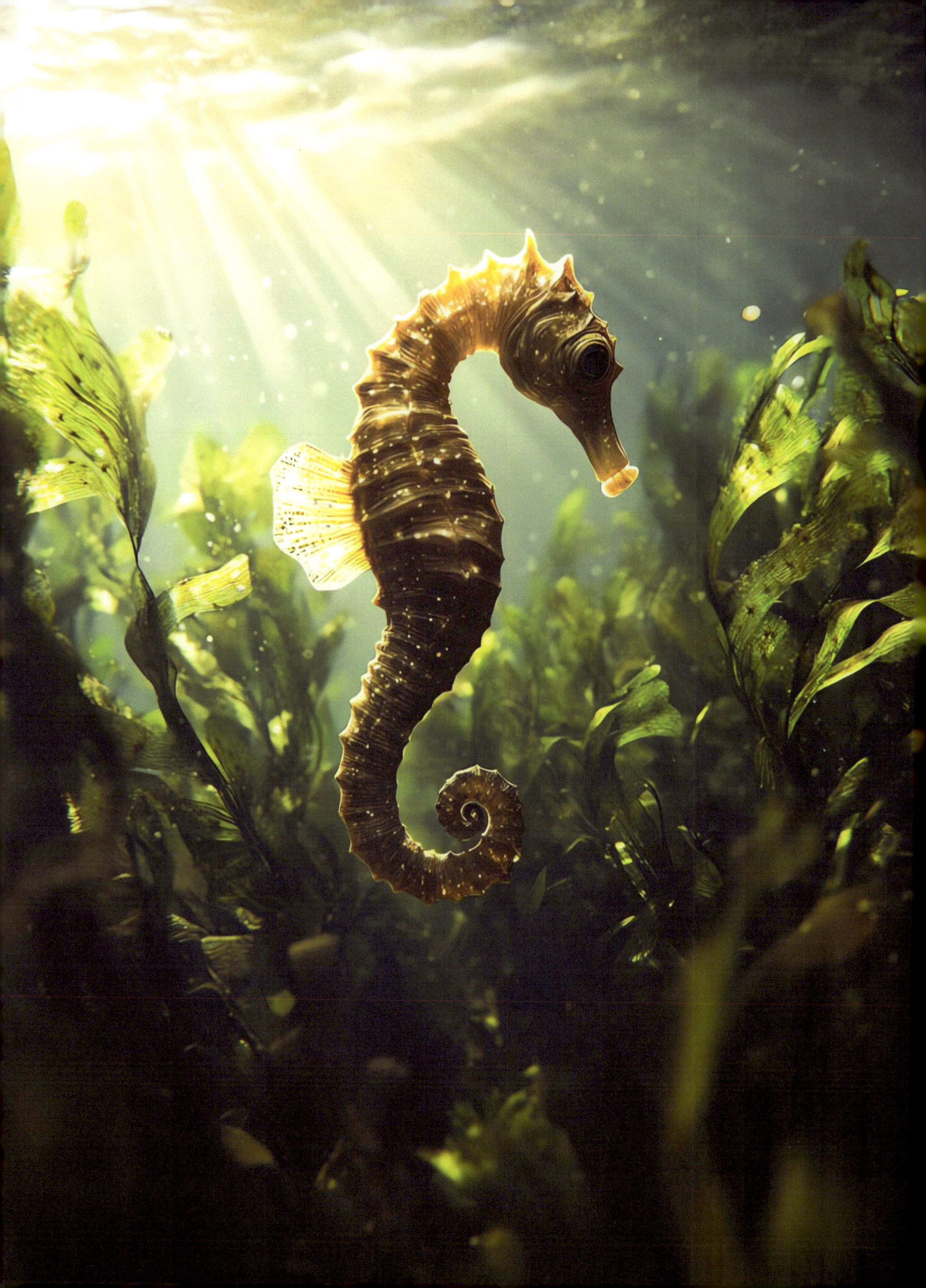